Jornalismo Político

COLEÇÃO COMUNICAÇÃO

Coordenação
Luciana Pinsky

A arte de entrevistar bem Thaís Oyama
A arte de escrever bem Dad Squarisi e Arlete Salvador
A arte de fazer um jornal diário Ricardo Noblat
A imprensa e o dever de liberdade Eugênio Bucci
A mídia e seus truques Nilton Hernandes
Assessoria de imprensa Maristela Mafei
Comunicação corporativa Maristela Mafei e Valdete Cecato
Correspondente internacional Carlos Eduardo Lins da Silva
Escrever melhor Dad Squarisi e Arlete Salvador
Ética no jornalismo Rogério Christofoletti
Hipertexto, hipermídia Pollyana Ferrari (org.)
História da imprensa no Brasil Ana Luiza Martins e Tania Regina de Luca (orgs.)
História da televisão no Brasil Ana Paula Goulart Ribeiro, Igor Sacramento e Marco Roxo (orgs.)
Jornalismo científico Fabíola de Oliveira
Jornalismo cultural Daniel Piza
Jornalismo de rádio Milton Jung
Jornalismo de revista Marília Scalzo
Jornalismo de TV Luciana Bistane e Luciane Bacellar
Jornalismo e publicidade no rádio Roseann Kennedy e Amadeu Nogueira de Paula
Jornalismo digital Pollyana Ferrari
Jornalismo econômico Suely Caldas
Jornalismo esportivo Paulo Vinicius Coelho
Jornalismo internacional João Batista Natali
Jornalismo investigativo Leandro Fortes
Jornalismo político Franklin Martins
Jornalismo popular Márcia Franz Amaral
Livro-reportagem Eduardo Belo
Manual do foca Thaïs de Mendonça Jorge
Manual do frila Maurício Oliveira
Manual do jornalismo esportivo Heródoto Barbeiro e Patrícia Rangel
Os jornais podem desaparecer? Philip Meyer
Os segredos das redações Leandro Fortes
Perfis & entrevistas Daniel Piza
Reportagem na TV Alexandre Carvalho, Fábio Diamante, Thiago Bruniera e Sérgio Utsch (orgs.)
Teoria do jornalismo Felipe Pena

Franklin Martins

Jornalismo Político

Copyright© 2005 Franklin Martins
Todos os direitos desta edição reservados à
Editora Contexto (Editora Pinsky Ltda.)

Montagem de capa e diagramação
Gustavo S. Vilas Boas

Imagem de capa
"Vista diurna do Congresso Nacional"
Augusto Cesar Baptista Real

Revisão
Dida Bessana
Lilian Aquino

Dados Internacionais de Catalogação na Publicação (CIP)
(Câmara Brasileira do Livro, SP, Brasil)

Martins, Franklin
Jornalismo político / Franklin Martins. –
2. ed., 1ª reimpressão. – São Paulo : Contexto, 2024.

Bibliografia
ISBN 978-85-7244-295-4

1. Ética jornalística 2. Jornalismo – Aspectos políticos
I. Título.

05-3070   CDD-070.44932

Índice para catálogo sistemático:
1. Jornalismo político   070.44932

2024

EDITORA CONTEXTO
Diretor editorial: *Jaime Pinsky*

Rua Dr. José Elias, 520 – Alto da Lapa
05083-030 – São Paulo – SP
PABX: (11) 3832 5838
contato@editoracontexto.com.br
www.editoracontexto.com.br

Proibida a reprodução total ou parcial.
Os infratores serão processados na forma da lei.

A ética não é uma condição ocasional no jornalismo,
mas deve acompanhá-lo sempre,
como o zumbido acompanha a abelha.
Gabriel García Márquez

Eu conheço muita gente / Igual a um camaleão /
Com a cabeça diz que sim / Com o rabinho diz que não /
Segura, meu bem, agarra / Amarra o camaleão /
As virtudes deste bicho / São de grande estimação /
Ele é filho do patronato / É sobrinho da eleição.
Xisto Bahia, lundu gravado em 1902

A Ivanisa, por tudo.

Sumário

Introdução 11

Ontem e hoje 13
    1950: os jornais entram em campanha 14
    2002: a imprensa cobre a campanha 15
    Mais notícia e menos opinião
        para um leitor mais plural 17
    Mais interpretação da notícia
        para um leitor mais exigente 21
    A disputa pela percepção
        da notícia nas redações 24

Algumas questões éticas 29

O cinza, o preto e o branco 30
Da primeira lealdade,
    você nunca esquece 32
Não confunda sociedade
    com opinião pública 35
Jornalista não é notícia 37
Presentes, viagens e jantares 39
Fitas, gravações e câmeras ocultas 41
Reconheça logo seu erro 43

O dia a dia do jornalista político 45

Conversar com muita gente 47
Lugar de repórter
    de política é no Congresso 50
A rua vai muito além do Congresso 51
Na corda bamba com as fontes 53
On e *off* 56
Reunir muito mais informação
    do que vai precisar 58
Informação factual
    e *background information* 60
Entender os interesses
    que existem por trás dos discursos .. 62
Entender a personalidade
    dos principais políticos 65
Captar os momentos de virada 68
O boato precisa ser verossímil;
    a verdade, nem tanto 70
Ler jornais 71
Trabalhando em equipe 73
Converse com os coleguinhas 74
Forme sua própria opinião 76
Contextualize a notícia 77
Mas cuidado com o conotativo 79
Conheça as regras do jogo 80

Estude a história política do Brasil 82
Viva a internet 83
Cuidado com a internet 85
E fora de Brasília? 86

Aperte o cinto 87
O tempo não para 87
Eleições (e problemas) à vista 89
CPIS: temporada de caça às bruxas 91
Denúncias e escândalos 93
Uma dobradinha do barulho 95
Entre o furo e a barriga, fique com o leitor 96
Reformas ministeriais 99
Viagens presidenciais 102
Conheça sua zona de risco específica 103

Um bom texto jornalístico 105
Ler muito para escrever bem 106
Ler os clássicos e ler o que sai do forno 106
Ler para perguntar 107
As linguagens não faladas 108
Cuidado com o lide 110
Sempre alerta 112
Jornalistas e escritores 112
Literatice e invencionice 113
Escrever com paixão,
escrever para o leitor 114
O texto para TV 115
Seu corpo também fala 116
Texto para rádio 118

Com o coração
nos lábios e uma ideia na cabeça (estudo de caso) ... 119
Um homem de fronteira 120
Com a alma na pena 121
Agarrando a questão principal 122

Não perdendo de vista
    os interesses em jogo 123
Entendendo a personalidade
    dos principais atores 125
Dos ataques a Pedro Banana
    à aliança com Isabel 127
Uma virada na situação 129
Por que não morreu naquele dia? 131

Alguns livros importantes 135

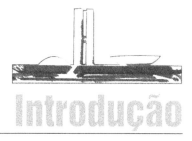

Introdução

Este livro foi escrito, principalmente, para os jovens repórteres e estudantes de comunicação que, de uma maneira ou de outra, se interessam pela cobertura política e pensam em atuar nela um dia. Das palestras para universitários e das conversas com repórteres iniciantes, saio sempre com a sensação de que, ao lado da enorme curiosidade sobre o dia a dia do jornalismo político, há também grande desconhecimento a respeito das dificuldades, dos obstáculos, dos estímulos e das gratificações que encontramos pela frente. Como já tenho um bom tempo de estrada e passei por quase todos os tipos de mídia, cheguei à conclusão de que minhas experiências e reflexões poderiam ajudar a turma mais nova a abrir seu próprio caminho.

Faz mais de quatro décadas que, ainda moleque, com quinze anos, comecei a trabalhar em jornal. De lá para cá, fiz de tudo um pouco. Cobri geral, internacional, agricultura e política – muita política. Mexi com jornal, agência de notícias, rádio, televisão e internet. Atuei na imprensa estudantil e sindical. Durante a ditadura, passei mais de dez anos escrevendo em jornais clandestinos e ajudando a publicá-los. Colaborei com a imprensa alternativa no período da redemocratização. Anistiado, trabalhei em jornais nanicos e, mais tarde, em jornalões. Fui foca, repórter, redator, correspondente internacional, editor, colunista – e chefe também. Mas gosto mesmo é de correr atrás de notícia e de interpretar os fatos no momento em que eles estão ocorrendo.

Talvez seja pretensão, mas espero também que este livro possa contribuir de alguma forma para que o grande público entenda um pouco mais o trabalho dos jornalistas e tenha uma ideia mais clara sobre sua rotina, cacoetes, dúvidas, sonhos, angústias e alegrias. Por isso mesmo, evitei usar linguagens cifradas e dirigir-me apenas aos iniciados. Nós, jornalistas, exercemos uma profissão importante demais para nos comportarmos como integrantes de uma seita. Precisamos da vigilância e da crítica permanente da sociedade. Quanto mais conhecerem o nosso trabalho, melhor. Mais precisas serão as cobranças e mais razoáveis, as expectativas.

Sou muito grato a todos que me ajudaram a checar fatos, tirar dúvidas e esclarecer episódios mencionados neste livro. Agradeço especialmente a Christiana Lôbo, Eliane Cantanhede, Helena Chagas, João Domingos, Luiz Carlos Azedo, Tales Faria e Tereza Cruvinel, que não só tiveram a paciência de ler os originais, como fizeram críticas e sugestões extremamente valiosas. Como de praxe, registro que ninguém, além do próprio autor, é responsável pelo que aqui vai publicado.

Brasília, abril de 2005.

Ontem e hoje

O jornalismo político no Brasil passou por grandes mudanças nas últimas décadas. A mais importante delas é que, hoje em dia, a maior preocupação da cobertura é informar o leitor, e não convencê-lo a adotar determinadas ideias. Uma breve comparação entre as manchetes dos principais jornais brasileiros nas eleições presidenciais de 1950, em que Getulio Vargas derrotou o brigadeiro Eduardo Gomes, apoiado pela União Democrática Nacional (UDN), e Christiano Machado, lançado pelo Partido Social Democrata (PSD), e no segundo turno da disputa de 2002, em que Luiz Inácio Lula da Silva, do Partido dos Trabalhadores (PT), venceu José Serra, do Partido da Social Democracia Brasileira (PSDB), dá conta dessa profunda transformação.

1950: OS JORNAIS ENTRAM EM CAMPANHA

Vejamos inicialmente as manchetes de 1950:

Consagração definitiva o comício da Esplanada do Castelo – A oração do candidato nacional (*Correio da Manhã*, 1/10/1950).

Também entre os jogadores vencerá o Brigadeiro (*Correio da Manhã*, capa do Caderno de Esportes, 1/10/1950).

Os espíritas não podem votar em Getulio (*Diário Carioca*, 1/10/1950).

O grande pleito da democracia brasileira. Todo o país empolgado pelas eleições que se travarão amanhã (*O Globo*, 2/10/1950).

Para o Brasil, Brigadeiro. Dá à tua terra o governo que ela merece (*O Estado de S. Paulo*, no dia da eleição, 3/10/1950).

Decide hoje o povo nas urnas livres o destino do Brasil *(em letras maiores)* – em vez de volta à ditadura ou da perpetuação do poder, saberemos escolher, com o Brigadeiro Eduardo Gomes, o caminho da renovação nacional (*em letras menores*) (*Diário de Notícias*, 3/10/1950).

Pistoleiros getulistas prontos para atacar o povo (*Tribuna da Imprensa*, 3/10/1950).

Absoluta ordem e respeito à vontade popular – uma garantia a posição serena e imparcial do Chefe da Nação (*O Jornal*, 3/10/1950).

Chamados os brasileiros às urnas para escolher seus mandatários (*Folha da Manhã*, hoje *Folha de S.Paulo*, 3/10/1950).

O v da Vitória, *com foto do Brigadeiro* (*Correio da Manhã*, 4/10/1950).

Os primeiros resultados indicam para presidente o sr. Getulio Vargas, seguido do Brigadeiro Eduardo Gomes (*Jornal do Brasil*, 5/10/1950).

Favorável a Getulio Vargas 57% da votação (*O Jornal*, 6/10/1950).

Progride a votação do Brigadeiro no Distrito Federal, em Minas e Paraíba *(em letras bem grandes)*. Continua vencendo em quase todos os estados o sr. Getulio Vargas *(em letras bem menores)*. (*Diário de Notícias*, 6/10/1950).

Como se vê, em 1950, os jornais mais influentes do Rio de Janeiro e de São Paulo não tinham qualquer preocupação com a isenção na cobertura. De modo geral, o tom das primeiras páginas era de franco engajamento eleitoral. Manchetes, chamadas, fotos e charges não escondiam a preferência pelo brigadeiro Eduardo Gomes. No caso de *O Estado de S. Paulo*, do *Correio da Manhã*, do *Diário de Notícias* e da *Tribuna da Imprensa*, as primeiras páginas chegavam a parecer peças de campanha eleitoral. O facciosismo era tamanho que um desses jornais sentiu-se na obrigação de dar explicações a seus leitores, na capa: "Pela segunda vez na sua existência, quebra o *Diário de Notícias* a severidade com que obedece à sua paginação, dando margem, na primeira página, para um apelo aos que o leem". O apelo, é claro, era para que votassem no Brigadeiro.

Mesmo quando o tom era mais sóbrio, como no *Diário Carioca* e no *Jornal do Brasil*, torcia-se abertamente pelo candidato da UDN. *O Globo*, a *Folha da Manhã*, precursora da atual *Folha de S.Paulo*, e *O Jornal*, principal órgão dos Diários Associados, maior conglomerado de imprensa na época, ainda preocupavam-se em manter as aparências, mas, nas entrelinhas, *O Globo* e a *Folha* inclinavam-se pelo Brigadeiro, ao passo que *O Jornal* tendia para Christiano Machado, candidato apoiado pelo então presidente Eurico Gaspar Dutra. De qualquer modo, nenhum dos principais jornais foi isento na disputa. Velada ou ostensivamente, todos tinham candidato e queriam derrotar Getulio, o que ficava claro em suas páginas, inclusive na cobertura noticiosa.

2002: A IMPRENSA COBRE A CAMPANHA

Vejamos agora as manchetes de alguns dos principais jornais brasileiros nas eleições de 2002, em que Luiz Inácio Lula da Silva, do PT, derrotou o candidato do PSDB, José Serra:

Mercado tem dia otimista na véspera da eleição (*O Estado de S. Paulo*, 26/10/2002).

Eleições chegam com mercado mais otimista (*O Globo*, 26/10/2002).

Bovespa tem melhor semana em um ano (*Folha de S.Paulo*, 26/10/2002).

Pesquisas indicam Lula presidente (*O Estado de S. Paulo*, no dia do segundo turno das eleições, 27/10/2002).

O começo de uma nova era – Pesquisas apontam vitória de Luiz Inácio Lula da Silva e chegada do PT ao poder (*O Globo*, 27/10/2002).

Pesquisa aponta vitória de Lula para presidente hoje (*Folha de S.Paulo*, 27/10/2002).

Fui eleito pelo PT, mas serei o presidente de todos os brasileiros (Luiz Inácio Lula da Silva, que teve cerca de 52 milhões de votos) (*O Estado de S. Paulo*, 28/10/2002).

Presidente Lula (*O Globo*, 28/10/2002).

Lula presidente – Metalúrgico é o primeiro líder de esquerda a ser eleito no país (*Folha de S.Paulo*, 28/10/2002).

Lula anuncia secretaria de emergência contra a fome (*O Globo*, 29/10/2002).

Lula anuncia secretaria da fome (*Folha de S.Paulo*, 29/10/2002).

O tom é praticamente neutro. Mesmo antes de abertas as urnas, as manchetes já davam conta da vitória de Lula, não porque os jornais apoiassem o candidato do PT, mas porque todas as pesquisas de opinião apontavam esse resultado. É evidente que, em 2002, os donos das empresas de comunicação também tinham suas preferências na disputa, mas elas não saltavam aos olhos nas primeiras páginas. Pelas manchetes, não dava para saber com certeza se este ou aquele jornal preferia a vitória de Lula ou torcia pelo triunfo de Serra. Uma pesquisa na cobertura noticiosa da maioria das emissoras de rádio e televisão mostraria comportamento semelhante. O contraste com 1950 é nítido. E ilustra as enormes transformações por que passou a imprensa brasileira e, em especial, a cobertura política nos últimos cinquenta e poucos anos.

As manchetes de 2002 destacam também dois novos atores na cena política, inimagináveis na primeira página de um jornal brasileiro há meio século: o mercado e as pesquisas de opinião. Afinal, nas eleições de 1950, mercado era apenas o lugar em que as donas de casa faziam compras, e não a entidade toda poderosa cujos humores hoje são auscultados na véspera de uma eleição presidencial. Quanto às pesquisas, há meio século ainda engatinhavam no mundo e não tinham a credibilidade atual. Basta lembrar que, nas eleições americanas de 1948, o Gallup apontara a vitória do republicano Dewey sobre o democrata Truman, com 5% de vantagem. Deu Truman na cabeça, com quatro pontos e meio de dianteira. O novo presidente apareceu sorridente nas fotografias segurando o Chicago Daily Tribune, *cuja manchete anunciava sua derrota com base nos números do Gallup.*

Outra mudança significativa: em 1950, três dias depois das eleições, a apuração mal ultrapassava a metade dos votos. O resultado final só seria conhecido depois de duas semanas de contagem das cédulas de papel. Na eleição de Lula, graças às urnas eletrônicas, seis horas depois de encerrada a votação, 99% dos votos já haviam sido apurados.

Mas as manchetes acima não falam sobre outra grande novidade das campanhas eleitorais no Brasil nas últimas décadas: o horário de propaganda eleitoral gratuita no rádio e na TV. *Graças a ele, os principais candidatos hoje podem falar diretamente com o eleitorado, sem passar necessariamente pela mediação da imprensa. Com isso, os jornais podem menos e o debate eleitoral pode mais. Se o horário de propaganda gratuita existisse em 1950, a vida de Getulio não teria sido tão complicada naquela campanha. Diz-se que tudo que só existe no Brasil, e não é jabuticaba, é bobagem. O horário de propaganda eleitoral gratuita, uma invenção genuinamente nacional, desmente essa tese.*

MAIS NOTÍCIA E MENOS OPINIÃO
PARA UM LEITOR MAIS PLURAL

Até algumas décadas atrás, os jornais, em sua maioria, tinham um caráter quase partidário. E dirigiam-se também a um leitor razoavelmente partidarizado. Para um e para outro, a opinião era tão ou mais importante que a notícia. O leitor comprava o jornal esperando encontrar uma cobertura afinada com seu viés político – ou, pelo menos, não muito distante dele. Já o jornal buscava cativar o leitor atendendo a essa expectativa.

É verdade que, nos maiores órgãos de imprensa, o tom faccioso diluía-se em épocas de calmaria, vindo à superfície de forma mais nítida apenas nos momentos de confronto político agudo, enquanto nos periódicos menores o comportamento apaixonado e o clima de campanha não arrefeciam em instante algum. Mas o fato é que, de uma forma ou de outra, naquela época, os grandes e os pequenos jornais da imprensa brasileira pulavam a cerca entre a informação e a opinião com a maior sem-cerimônia.

> *Quando eu era garoto e rapaz, nas décadas de 1950 e 1960, havia em circulação no Rio de Janeiro mais de duas dezenas de diários. Cito alguns, de memória:* Jornal do Brasil, Correio da Manhã, O Globo, O Jornal, Diário Carioca, Diário de Notícias, Última Hora, Tribuna da Imprensa, Imprensa Popular, Diário da Noite, A Noite, Jornal do Commercio, Jornal dos Sports, O Dia, A Notícia, Luta Democrática, O País, O Sol, *esses dois últimos de curta existência.*
>
> *O* JB *e o* Correio *eram tidos como liberais, situados no centro do espectro político.* O Globo *era mais conservador.* O Diário Carioca *e o* Diário de Notícias *eram próximos da* UDN, *mas tomavam distância de sua ala mais reacionária, o lacerdismo.* A Tribuna da Imprensa *pertencia ao próprio Carlos Lacerda e era furiosamente antigetulista e, depois, antijuscelinista. Já a* Última Hora *era trabalhista, quase de esquerda. A* Imprensa Popular *era vinculada ao Partido Comunista, embora o* PCB *estivesse na ilegalidade.* O Dia, A Notícia *e a* Luta Democrática *eram jornais populares – os dois primeiros ligados a Adhemar de Barros e, depois, a Chagas Freitas, do* PSP, *o último ao udenista Tenório Cavalcanti.*

Hoje em dia, ao contrário, a grande imprensa, de modo geral, tem a preocupação de separar nitidamente a informação da opinião na cobertura política. Nas épocas de campanha eleitoral, os jornais, ainda que apoiem esta ou aquela candidatura na página editorial, tentam manter uma postura equilibrada, dando espaço semelhante para os principais contendores e evitando demonstrar preferência por sicrano ou beltrano. Muitos diários e emissoras de televisão fazem, por conta própria, controles periódicos do espaço ou do tempo dedicado aos candidatos, de modo a garantir que, no noticiário, sua presença seja equitativa ou, pelo menos, proporcional a seu peso no eleitorado. É claro que nem tudo pode ser resolvido pelas estatísticas – o espaço do alto da página, por exemplo, é mais nobre do que o do pé –, mas só o fato de existirem tais levantamentos já é indício claro da intenção de fazer uma cobertura equilibrada.

A mudança no noticiário político – francamente engajado há cinquenta anos, relativamente objetivo hoje – é fruto de dois processos de transformação, ligados de modo estreito, ocorridos nas últimas décadas. Um afetou os jornais; o outro, o perfil do leitor.

Nesse período, jornais, revistas, rádios, TVs etc. passaram por um intenso processo de modernização, profissionalização e concentração. Os custos de apuração, produção e disseminação da informação cresceram extraordinariamente. Os efetivos envolvidos nos diversos departamentos da empresas jornalísticas – redação, comercial, industrial (engenharia, nas TVs) – também se multiplicaram várias vezes. Além disso, as exigências de investimento em equipamentos, máquinas e tecnologia tornaram-se cada vez mais pesadas. Resultado: muitos jornais, por falta de capital ou de capacidade de renovação, não conseguiram resistir aos novos tempos e quebraram. A concentração foi brutal.

Volto ao exemplo do Rio de Janeiro. Dos 18 jornais citados, 12 fecharam – e alguns dos sobreviventes atravessam situação periclitante. Ou seja, de cada três diários antes existentes, dois desapareceram. Esse quadro repetiu-se em quase todas as grandes cidades do mundo. De modo geral, há, no máximo, dois ou três jornalões por metrópole. Às vezes, menos.

Só conseguiram sobreviver ao acelerado processo de concentração dos meios de comunicação, que no Brasil coincidiu, em termos políticos, com o período ditatorial, os jornais que lograram atingir e manter uma escala de tiragem relativamente alta. Na época heroica do século passado, aquele que vendesse 50 ou 60 mil exemplares diários no Rio de Janeiro ou em São Paulo conseguia se pagar. Hoje em dia, cerraria as portas em pouco tempo. Tanto que, atualmente, os grandes jornais cariocas ou paulistas são obrigados a vender por dia mais de 150 mil exemplares, para amortizar os custos de produção e atrair a receita publicitária necessária para sair do vermelho e gerar lucro.

Vender 150 mil exemplares significa dirigir-se para 450 mil leitores, aproximadamente – estima-se que um jornal seja lido, em média, por três pessoas. Como não existe um público partidarizado dessa envergadura, os jornais, na tentativa de conquistar e manter escalas de tiragens economicamente viáveis, foram obrigados a se voltar para um universo cada vez mais amplo. Em vez de cativar o leitor partidarizado, como no passado, a estratégia passou a ser atrair um público plural, composto por leitores com as mais variadas simpatias políticas e as mais diferentes visões de mundo. Não se pode dizer, por exemplo, que a *Folha de S. Paulo* dirige-se aos progressistas e *O Estado de S. Paulo*, aos conservadores. Ambos os jornais são assinados ou comprados indistintamente por leitores que se consideram petistas, tucanos, pemedebistas ou liberais, e também por aqueles que não se reconhecem em partido algum ou, simplesmente, odeiam política.

Essa mudança de estratégia teve enorme impacto na alma e na cara dos jornais. Na alma: eles tiveram de deixar claro para o leitor que vendem informação, e não opinião embrulhada em notícia. Daí a necessidade da isenção na cobertura jornalística, ou pelo menos da busca da isenção. Na cara: os jornais passaram a cobrir áreas que antes eram desprezadas, criando editorias ou cadernos voltados para segmentos específicos, como entretenimento, cultura, mulheres, jovens, crianças, carro, trabalho, turismo, informática etc. Há cinquenta anos, um jornal no Rio de Janeiro ou em São Paulo, durante a semana, fora os classificados, tinha um ou dois cadernos. No máximo, alcançava 24 páginas. Hoje, tem no mínimo sessenta páginas em quatro cadernos – alguns deles em formato de revista. Aos domingos, um exemplar da *Folha de S. Paulo*, do *O Estadão de S. Paulo* ou de *O Globo* chega a pesar, com os classificados, dois quilos.

Na televisão, pelas próprias características do veículo, a pluralidade do público manifesta-se de forma ainda mais forte e complexa. Na TV aberta, o universo dos telespectadores não apenas abriga em seu interior posições políticas extremamente diversas, como também está atravessado por diferentes graus de formação escolar, nível cultural, renda, religiosidade etc. A mesma matéria é vista pelas classes A, B, C, D e E, por adolescentes, jovens e idosos, por doutores e analfabetos, por pessoas com visão de mundo progressista e conservadora. Deve ser entendida por todos, e ser relevante ou interessante para a maioria. Não é fácil.

É claro que o perfil do telespectador varia de telejornal para telejornal, de acordo com o horário, a emissora, o formato e o conteúdo do próprio noticiário. Em alguns casos, o público é mais homogêneo do que em outros. É evidente também que há programas jornalísticos voltados para públicos segmentados, em especial nos canais de TV por assinatura. Mas, apesar das nuances e das exceções, o telespectador, por definição, é plural – política, econômica, social e culturalmente. Trata-se de um desafio permanente para os jornalistas que atuam na TV.

Talvez no rádio, em que os custos de produção são bem mais baixos, a pressão pela busca da pluralidade seja menos intensa do que nas outras mídias tradicionais, contudo ela também existe e vem se afirmando progressivamente. Não há dúvida de que, sobretudo nas cidades do interior, ainda sobrevive um grande número de programas jornalísticos marcados pela personalidade e pelas posições políticas de seus apresentadores, que não têm qualquer preocupação com a isenção. Mas, nos grandes centros, é cada vez mais forte a tendência a respeitar a pluralidade dos ouvintes e, em consequência, a separar a informação da opinião.

Quer dizer, então, que atualmente não há mais espaço para a imprensa de opinião, partidária ou segmentada? Claro que há. Mas esse espaço vem se deslocando progressivamente do terreno dos jornais diários, em que os custos de produção são altíssimos, para o das publicações de periodicidade mais longa, como semanários, quinzenários e revistas. Sindicatos, associações profissionais, movimentos sociais, grupos culturais e círculos de debates produzem e continuarão a produzir regularmente publicações voltadas para seu público específico, mas com edições bem espaçadas. Não competem no mesmo terreno dos jornalões. E tudo indica que esse processo de deslocamento ainda está longe de ter-se concluído. Assiste-se, hoje, a uma nova onda migratória, agora do papel para a internet. Por seu baixo custo, alimentação ágil, distribuição instantânea e fácil interação, a internet vem se afirmando como a mídia talhada para a imprensa segmentada e partidarizada. Não é à toa que atualmente se contam nos dedos as publicações em papel dos partidos e das correntes políticas, mas quase todas as legendas, inclusive as menos expressivas, têm portais na rede, alguns alimentados várias vezes ao dia e acessados cotidianamente por centenas ou milhares de pessoas.

Ou seja, longe de estar desaparecendo, a imprensa de opinião tende a florescer no meio eletrônico da internet, em que os custos são compatíveis com a envergadura de seu público. Mas, nos jornais diários, dificilmente ela voltará a dar o tom. Essa fase acabou. Os jornalões, queiram ou não, estão obrigados a se dirigir a um público cada vez mais plural e, por isso mesmo, a fazer clara separação entre a informação e a opinião, de modo a respeitar a diversidade de pensamento existente entre seus leitores.

MAIS INTERPRETAÇÃO DA NOTÍCIA PARA UM LEITOR MAIS EXIGENTE

> *À primeira vista, mas só à primeira vista, o que será dito agora choca-se com o que se leu nas páginas anteriores: o leitor não está mais se contentando apenas com a notícia. Estaremos voltando à época da informação misturada com opinião? Não. Vamos falar sobre algo diferente:* interpretação.

Notícia é a comunicação do fato. Pode ser quase tudo ou quase nada – depende da informação prévia do leitor, telespectador ou ouvinte sobre o assunto.

Quase tudo: "Lula é eleito presidente". A notícia era de fácil e imediato entendimento por todos. Afinal, nos meses anteriores ao fato, a sociedade brasileira havia sido bombardeada por enorme quantidade de informações sobre os candidatos e, na véspera, cem milhões de pessoas haviam comparecido às urnas para votar. Só faltava contar o fim da história.

Quase nada: "Severino Cavalcanti é eleito presidente da Câmara". Como, na época, fora do mundo político, poucos sabiam quem era o deputado pernambucano, a notícia, dada secamente, deixaria a maioria das pessoas boiando. Como o leitor ou telespectador não dispunha de informações anteriores sobre o assunto para entender a informação mais recente, a matéria precisaria necessariamente situar a notícia em um quadro mais amplo. Assim: "Num resultado surpreendente, Severino Cavalcanti (PP-PE) foi eleito presidente da Câmara, derrotando o candidato do governo, Luiz Eduardo Greenhalgh. Conhecido como o rei do 'baixo clero' – deputados pouco influentes no plenário –, Severino fez campanha tendo como principal promessa um aumento de 67% nos vencimentos dos parlamentares".

Na maioria dos casos, não basta apenas dar a notícia, ou seja, transmitir a informação factual mais recente. É necessário qualificá-la, relacioná-la com outros fatos, explicar suas causas e avaliar suas possíveis consequências. Em suma, é preciso entregar aos leitores não apenas a notícia, mas também o que está por trás e em volta da notícia. Dito de outra forma, é preciso explicar, analisar, interpretar o que aconteceu.

Seguindo com o exemplo da vitória de Severino: ao lado da notícia do dia, caberia talvez publicar um *box* sobre o "baixo clero", uma coletânea das melhores frases do novo presidente da Câmara e uma crônica sobre "a longa noite dos punhais" em que o PT foi traído por aliados e adversários. Em relação ao *box* e à coletânea, bastaria editar o material existente nos arquivos. No caso da crônica, porém, seria preciso ir mais longe e interpretar os fatos praticamente no mesmo momento em que eles estavam acontecendo.

Interpretação e opinião não são a mesma coisa. São semelhantes, porque ambas buscam ir além do fato em si e dar uma explicação a ele. Mas são também muito diferentes. A opinião, no fundo, apenas se alimenta do fato para reafirmar um ponto de vista prévio. Já a interpretação é uma primeira leitura do acontecimento, é uma tentativa de juntar e relacionar seus vários fragmentos no momento em que ele está ocorrendo. A primeira fecha o foco em cima de uma explicação e quer passar certezas. A segunda, ao contrário, busca abrir o leque de possibilidades e sugerir linhas de raciocínio. Uma é taxativa, tem respostas definitivas; a outra é indagativa, no máximo tem ideias preliminares.

> *Ainda está complicado? Lembre-se de Raul Seixas: "Prefiro ser essa metamorfose ambulante / Do que ter aquela velha opinião formada sobre tudo". A interpretação tem a ver com a abertura para o novo. A opinião, com a confirmação do velho, do já sabido. O Maluco Beleza exagerava um pouco, mas sabia das coisas.*

O leitor, telespectador ou ouvinte felizmente, está cada vez mais exigente. Vive em uma sociedade em que é bombardeado permanentemente por enorme quantidade de informações, que lhe chegam pelos mais diversos meios: televisão, rádio, jornais, revistas, *newsletters*, serviços em tempo real, correntes eletrônicas etc. Sua casa e local de trabalho são invadidos pelas notícias quase no mesmo instante em que os fatos acontecem. Em tese, ele deveria se sentir informadíssimo, mas, na prática, muitas vezes, ocorre exatamente o contrário: o excesso de informação deixa-o perplexo e confuso. Ele se afoga em um mar de notícias. Seu bote salva-vidas é a interpretação da notícia. Ao separar o importante do trivial, relacionar fatos, estabelecer conexões, procurar causas e, às vezes, avaliar consequências, ela lhe permite refletir sobre o que aconteceu e formar uma primeira opinião sobre o assunto.

Há vinte ou trinta anos, o noticiário político limitava-se à enunciação seca dos fatos, às declarações de autoridades e de parlamentares, à reprodução de comunicados. O leitor que se virasse para entender o que estava acontecendo. A interpretação da notícia, na melhor das hipóteses, era uma atividade restrita às colunas – na verdade, a algumas poucas colunas. Em boa medida, essa atitude burocrática e cautelosa revelava as marcas deixadas pela censura imposta à imprensa e pela autocensura que grassou na maioria dos jornais durante a ditadura militar. Progressivamente, no entanto, esse quadro foi se alterando.

Hoje em dia, muitos jornais estimulam os repórteres a escrever as matérias em um formato em que a notícia não é apenas dada, mas também interpretada. Às vezes, o resultado não é dos melhores, porque faltam ao profissional a informação e a compreensão necessárias sobre o assunto – e aí a interpretação acaba sendo substituída pela opinião ou pelo chute. Mas, o caminho é esse. Não há volta atrás.

A própria multiplicação das mídias pressiona boa parte da imprensa escrita – e, em menor medida, a TV e o rádio – a seguir esse rumo. Cada vez mais, a notícia pura e simples é dada em primeira mão pelas televisões, pelos serviços noticiosos em tempo real ou pelas edições eletrônicas dos grandes jornais. Se a imprensa escrita não for além disso, para boa parte de seus leitores, que na véspera assistiu aos noticiários de TV ou navegou na internet, ela estará oferecendo apenas notícia velha. E jornal com notícia velha não vende. Mas jornal com notícia interpretada, explicada, voltada para o dia de amanhã, esse jornal vende. Pelo menos é o tipo de jornal que está sendo vendido em todo o mundo hoje.

A própria televisão já não se limita mais a dar secamente a notícia. De modo crescente, os telejornais vêm abrindo espaço para a interpretação da notícia, transformando apresentadores em âncoras e lançando mão de comentaristas que buscam trocar em miúdos os principais acontecimentos de suas áreas. No rádio, o mesmo processo está em andamento. Tudo somado, não há dúvida de que o leitor exigente está vencendo a batalha. Cada vez mais, os jornalistas estão sendo obrigados a entregar, junto com a notícia, a interpretação da notícia.

As colunas são os espaços mais nobres de interpretação do noticiário político. Às vezes são também espaços de opinião e de informação. Assinadas por jornalistas experientes e talentosos, que têm grande número de fontes e boa capacidade de análise, as colunas tornaram-se tão importantes para o leitor que a maioria dos jornais geralmente publica mais de uma. Seus formatos, estilos e embocaduras variam, mas todas elas, de alguma forma, buscam cumprir a mesma função: ancorar o noticiário, tomar a temperatura do dia e farejar possíveis desdobramentos.

Nem todos os colunistas combinam os ingredientes básicos na mesma proporção. Há os que acentuam a informação, os que carregam na interpretação e os que pesam a mão na opinião. Pessoalmente, acho que opinião demais cansa e restringe o universo de leitores (ou de telespectadores ou de ouvintes). Deve ser reservada para os momentos especialmente graves. No pão nosso de cada dia, aconselho uma massa leve: duas a três medidas de informação para cada uma de interpretação. Se preferir um pão mais pesado, ponha mais interpretação na mistura, mas – cuidado! – pode solar. No dia a dia, opinião é tempero. Deve entrar como sal, dando um gostinho lá no fundo – o suficiente para ser notado, mas sem tomar conta do paladar.

A DISPUTA PELA PERCEPÇÃO DA NOTÍCIA NAS REDAÇÕES

Mudou a imprensa. Mudou o público. Mudou a cobertura política. Por que não mudariam os jornalistas?

Nos últimos cinquenta anos, as redações passaram por grandes transformações. Algumas são óbvias. O barulho é menor: com a substituição das máquinas de escrever pelos computadores, o tec-tec-tec dos repórteres batendo matérias desapareceu e, junto com ele, a necessidade de se falar alto para ser ouvido. Circula-se menos: a divisão em editorias tornou-se mais rígida e o jornalista tem no computador uma estação de trabalho mais rica do que as Remington ou as Olivetti de antigamente, o que o mantém mais fixo no mesmo lugar. Fuma-se menos, muito menos, também: em parte porque os fumantes diminuíram, em parte porque os remanescentes foram confinados aos fumódromos. Em suma, as redações são hoje menos barulhentas, agitadas e fedorentas do que no passado. Estamos no lucro.

Mas essas transformações visíveis estão longe de ser as mais importantes. A mudança mais significativa ocorrida nas redações é invisível a olho nu e, de certa forma, é reflexo de tudo o que se disse antes: a opinião dos donos de jornal pesa menos no noticiário do que há algumas décadas; a opinião dos leitores pesa mais; a atitude dos jornalistas também.

Não que o dono não apite mais nada nas redações ou que os jornalistas possam fazer o que bem entenderem. Não, nada disso. As redações de jornais, revistas, telejornais etc. continuam sendo ambientes extremamente hierarquizados, com cadeias de comando claramente definidas. Em resumo, funcionam assim: a) os profissionais envolvidos na produção direta das matérias (repórteres, redatores e, na TV, produtores) são chefiados por alguém, em geral um editor, que decide o que entra nas páginas ou vai ao ar; b) os editores, por sua vez, prestam conta do trabalho de suas respectivas áreas ao aquário, nome genérico dada ao comando operacional da redação (editor-chefe e editores-executivos); c) o aquário, no devido momento, reporta-se ao diretor de redação ou de jornalismo, que, de uma forma ou de outra, se relaciona com os acionistas ou donos da empresa. Tudo isso continua valendo.

Mas a opinião do dono da empresa de comunicação, que reinava absoluta na definição do rumo do noticiário na época da imprensa de viés partidário, é hoje contrabalançada, pelo menos nacionalmente e nos grandes centros urbanos, pela opinião pública e, de forma mais direta, pela opinião de leitores, telespectadores e ouvintes. E, como estes, conforme vimos, estão cada vez mais plurais, exigentes e atentos, costumam perceber logo quando a cobertura começa a trombar com os fatos e a brigar com a notícia. Se o jornal não retificar seus tiros, perderá credibilidade e, com ela, parte de seu público.

> *Certa vez, um importante executivo de uma empresa de comunicação disse uma frase que, em um primeiro momento, me deixou de cabelos em pé: "Na imprensa, o lucro é também uma necessidade ética". Quando explicou melhor seu raciocínio, convenci-me de que ele tinha razão. No capitalismo, se um jornal não dá lucro durante anos a fio e o dono não passa o abacaxi adiante, é porque está remunerando seu capital com algo que não tem a ver com a venda de informação e de publicidade. Um jornal no vermelho só permanece aberto, apesar do prejuízo, se tem o objetivo de abrir portas para outros negócios – impublicáveis, é claro.*
>
> *Mas, se a frase fosse invertida, diria algo que alguns empresários de comunicação, pelo menos os mais lúcidos, vêm descobrindo nos últimos anos: "Em um regime democrático, a ética, para a imprensa, é também uma necessidade comercial". Se a empresa de comunicação não tratar a notícia como notícia e se ficar agredindo seguidamente a inteligência de seu público, pagará um preço muito alto. Perderá a credibilidade e, por extensão, leitores ou telespectadores. E, no fim da linha, faturamento.*

Nos últimos vinte anos, vivemos no Brasil uma democracia: o debate político é livre, as pessoas externam suas opiniões sem temor a represálias, a troca de ideias é permanente e não há mais censura à imprensa. Nessas condições, se determinado jornal sentar em cima de uma informação, provavelmente ela virá à tona de qualquer jeito, por intermédio da concorrência ou da internet. Hoje, é praticamente impossível a qualquer órgão de imprensa ignorar um assunto importante ou tratá-lo facciosamente de forma reiterada sem que boa parte da opinião pública se dê conta do que está acontecendo. Em regimes fechados, os jornais podem viver fechados em si mesmos. Mas, em regimes políticos abertos, estão expostos à visitação e à crítica públicas. Democracia não significa apenas eleições regulares e vigilância dos eleitores sobre os políticos. Implica também aumento do espírito crítico e maior interferência da sociedade em todos os espaços públicos e de formação da opinião pública. A imprensa é um deles, talvez o mais importante deles.

O resultado é que, nos grandes jornais e departamentos de jornalismo das emissoras de rádio e televisão, as decisões editoriais são tomadas, cada vez mais, levando em conta critérios jornalísticos. Ouve-se menos coisas como "não é para dar nada sobre isso" ou "somos contra isso ou a favor daquilo", e mais perguntas como: "é notícia ou não é?" ou "tem esse peso todo ou não tem?". Evidentemente, se o dono do jornal quiser imprimir um determinado viés ao noticiário, sua decisão prevalecerá sobre qualquer outra consideração. Pior pare ele: se o assunto for relevante e a agressão aos fatos for muito nítida, em pouco tempo a pressão dos leitores recolocará o tema em discussão, impondo ajustes, adaptações ou mesmo revisões na decisão anterior. A curto prazo, a opinião do dono pesa muito, mas, a longo prazo, a opinião do leitor pesa mais.

Pelo papel que desempenham na sociedade, jornais, televisões e revistas são palcos de intensa luta política. Ministros, parlamentares, autoridades, assessores, empresários, dirigentes sindicais, representantes de ONGs etc. estão o tempo todo tentando vender seu peixe ou reclamando de alguma matéria – em suma, buscando influenciar o tom do noticiário. De alguma forma, é claro, essas pressões acabam absorvidas no processo de tomada de decisões, mas, de modo geral, passam pelo filtro de critérios jornalísticos. Não é porque determinado ministro pede a retificação de uma notícia que ela será feita. É preciso que o aquário seja convencido de que um erro jornalístico foi cometido e o leitor, mal informado. Não é porque o senador fulano de tal quer ser entrevistado que ele o será. É preciso que tenha algo relevante a dizer sobre um assunto que seja notícia.

Assim, as redações são grandes caldeirões que cozinham muitas pressões ao mesmo tempo. No tacho, entram a reação do leitor, a voz do dono, as pressões das autoridades, mas também as reclamações das fontes, as sugestões dos assessores de imprensa, os palpites dos inteligentes de plantão e, como também somos filhos de Deus, a atitude dos jornalistas. Desse último ingrediente depende, aliás, em boa medida, a qualidade do que sai da panela todos os dias.

Todo jornal, revista e departamento de jornalismo de rádio ou de TV tem sua opinião pública interna. Ela é invisível, mas está sempre presente nas redações. Trata-se da primeira e da maior crítica do nosso trabalho. Ela não se confunde com a hierarquia formal da empresa, embora muitos formadores de opinião possam ocupar posições de chefia. O jornal do dia anterior ficou bom? O clima na redação é um. Metemos os pés pelas mãos? O clima é outro. O telejornal foi excepcional? Há orgulho e satisfação estampados no rosto de todos. Brigamos com os fatos? Cada um vai cuidar da sua vida, mas a Rádio Corredor já começa a preparar sua próxima edição extraordinária, apontando as causas e os responsáveis pelo mau passo. Injustiças são cometidas, erros, exagerados e méritos, exacerbados, mas, apesar dos excessos, essa opinião pública interna é fundamental para um bom jornalismo. É ela quem mantém a redação viva, atuante e ligada no que faz – e apostando que amanhã ainda pode fazer algo melhor do que foi feito hoje.

Mas tão importante quanto esse humor coletivo é a atitude individual de cada profissional. Um bom jornal é resultado do desfecho de dezenas ou mesmo de centenas de disputas diárias entre os profissionais que o produzem. Há tensões meramente funcionais: repórteres *versus* editores, editores *versus* comando da redação, repórteres *versus* fotógrafos (ou cinegrafistas), sucursais *versus* sedes etc. Não são as mais ricas, porque em geral expressam apenas comportamentos defensivos ou corporativos. As tensões que realmente importam são as que têm a ver com a percepção da notícia e a forma de tratá-la.

Um jornal é o que é porque uma determinada notícia foi bem ou mal apurada, foi bem ou mal escrita, entrou na edição ou foi para o lixo, ganhou mais ou menos espaço, recebeu tratamento rotineiro ou inovador, mereceu uma chamada ou caiu na vala comum, surpreendeu o leitor ou não. Ou seja, ele é resultado de centenas de decisões envolvendo dezenas ou centenas de profissionais. Todos os dias podemos fazer um jornal melhor ou pior. E não há um gênio da raça ou um Judas responsável pelo bom ou pelo mau resultado. Ele depende de nós. Depende de cada jornalista.

Se um repórter está seguro da qualidade de sua apuração, não tem por que abrir mão dela diante da primeira cara feia do editor. Se um editor acha que tem uma boa história nas mãos, não só deve dá-la bem, como também lutar por espaço e caitituar uma chamada na primeira página ou na escalada do telejornal. O aquário reagiu rotineiramente? Volte à carga com novos argumentos. Se um fotógrafo ou cinegrafista fez uma bela foto ou imagem, deve chamar a atenção para ela e não deixá-la ser preterida por outra de menor qualidade. E se seu editor ou chefe orientá-lo a não investir em uma dica que você sabe que é importante? Tente convencê-lo. Não foi possível? Continue por conta própria no assunto. Quem sabe não recolherá novas informações que levarão seu chefe a mudar de opinião?

> *Não recue diante das primeiras dificuldades. Não fique reclamando pelos cantos. Lute pela sua percepção da notícia. Isso é tão importante quanto apurar bem uma informação ou escrever um bom texto. É claro que, na discussão, você pode estar certo ou errado — uma boa razão para não se comportar como se fosse o dono da verdade. Se estiver certo, parabéns. Se estiver errado, aprenda com os outros. O importante é que, de um jeito ou de outro, o leitor ou o telespectador sairá ganhando com essa disputa.*
>
> *Como os jornais, os leitores e as redações mudaram nas últimas décadas, você tem espaço para lutar pela sua visão da notícia. Não desperdice essa chance.*

Algumas questões éticas

Não há uma ética específica do jornalismo político. Na verdade, não há sequer uma ética específica do jornalismo. Todos nós, independentemente de profissão, idade, sexo, cor da pele, posição social, grau de instrução etc., buscamos seguir certos valores morais e obedecer a determinados padrões de conduta em nossa atividade diária. Isso vale para o jornalista, o advogado, o médico, o funcionário público, o mecânico, o encanador, o motorista ou o policial. Não há uma ética particular para cada segmento profissional. O que varia são as situações de risco, os tipos de tentações e pressões, os mecanismos de recompensa e punição. O responsável pelo departamento de compras de uma empresa mexe com muito mais dinheiro do que um cobrador de ônibus – as situações de risco são diferentes –, mas, em tese, os dois devem seguir a mesma regra moral: não roubar.

> *Não estou dizendo nenhuma novidade. E nem diria melhor do que Cláudio Abramo, talvez o principal responsável pela modernização da* Folha de S.Paulo *e sua transformação em um dos maiores jornais brasileiros na década de 1970: "Sou jornalista, mas gosto mesmo é de marcenaria. Gosto de fazer móveis, cadeiras, e minha ética como marceneiro é igual à minha ética como jornalista – não tenho duas. Não existe uma ética específica do jornalista: sua ética é a mesma do cidadão. Suponho que não se vai esperar que, pelo fato de ser jornalista, o sujeito possa bater a carteira e não ir para a cadeia".*
>
> *Ou ainda: "O jornalista não tem ética própria. Isso é um mito. A ética do jornalista é a ética do cidadão. O que é ruim para o cidadão é ruim para o jornalista".*

Será que a mesma pessoa pode ter éticas distintas nas diferentes fatias do seu dia? Uma ética que segue no ambiente de trabalho e outra que pratica fora dele? Será possível que um sujeito seja um modelo de comportamento na redação e, em casa, espanque a mulher e deixe os filhos largados ou, por onde passe, dê trambiques? É pouquíssimo provável. É verdade que somos humanos, cometemos muitos erros, derrapamos mais em algumas coisas do que em outras, mas não dá para ser um Dr. Jekyll no trabalho e um Mr. Hyde em casa – ou vice-versa. Mesmo em ambientes diferentes, tendemos a obedecer a um padrão ético semelhante.

Mas o que é a ética, afinal? Já foram escritos milhares de tratados sobre o tema, consumindo rios de tinta e toneladas de papel. Não vou me somar à longa lista de pensadores, filósofos e pregadores que se debruçaram sobre o assunto. Simplificando, no fundo, ser ético significa apenas fazer o que está certo e não fazer o que está errado. Se você teve uma boa educação em casa, significa fazer o que seu pai e sua mãe diziam-lhe que estava certo, e não fazer o que eles diziam que estava errado. Em tese, é simples. Na vida real, porém, costuma ser bem mais complicado.

O CINZA, O PRETO E O BRANCO

É razoavelmente fácil tomar uma decisão acertada quando se está diante de situações extremas, que agridem de modo frontal nossos valores ou os padrões morais dominantes na sociedade. Se um sujeito oferece-lhe dinheiro para escrever uma matéria a favor dele, certamente você recusará de pronto. Mas se outro convidá-lo para passar um réveillon no Copacabana Palace, com tudo pago, sem pedir nada em troca, qual seria sua resposta?

- Sim, afinal ele só está sendo gentil comigo, é um cara rico e boa praça que foi com a minha cara.
- Não, não existe almoço grátis na vida – e muito menos réveillon no Copacabana Palace. A conta virá depois.

No cotidiano, o cinza é muito mais comum do que o preto ou o branco. Ao longo de toda a minha vida profissional, jamais recebi uma oferta em dinheiro para escrever algo a favor ou contra alguém. No entanto, numerosas vezes fizeram-me convites ambíguos, que tanto poderiam ser simples gentilezas quanto sondagens para outro tipo de conversa posterior. O que fazer?

Recusar todos os convites? Por um lado, é bom – assim você nunca receberá propostas indecentes de quem quer que seja. Mas, por outro, será grosseiro com um monte de gente. Poderá perder fontes, magoar desnecessariamente algumas pessoas e acabar virando um bicho do mato.

Aceitar todos os convites? Pelo amor de Deus, ou você é ingênuo ou muito vivo. Vai se dar mal – ou vai se dar bem, tudo é questão de critério – em três tempos.

Não há receita de bolo para lidar com as situações ambíguas. É claro que uma série de macetes ajuda a separar o joio do trigo – mais à frente, volto ao assunto. Mas, como começo de conversa, o essencial é não perder de vista que cada caso é um caso, e não dá para resolver todos da mesma forma. Em questões de ética, nunca ligue o piloto automático. O que é nebuloso exige reflexão e inteligência, jamais repetição e rotina.

Ninguém se torna venal da noite para o dia. Pode ser que haja casos de corrupção atávica, genética ou instantânea, mas não os conheço. Tanto na política e na administração pública quanto nas redações, a corrupção ou a venalidade é fruto de um processo de afrouxamentos sucessivos, e não um ato repentino e isolado de perda de padrões éticos. O sujeito não sai de casa um dia decidido a se corromper, e aí se corrompe. O jornalista não chega à redação uma tarde disposto a tornar-se uma pena de aluguel, e então se vende. Geralmente, vai baixando a guarda aos poucos. Um dia, faz uma pequena concessão; dias depois, cede um pouco mais; semanas mais tarde, enfia o pé na lama; anos depois, está metido até o pescoço no que não devia. Cada passo em falso vai minando as defesas do organismo aos ataques da pilantragem até que um dia as resistências simplesmente desapareceram – e o sujeito, então, atravessa o Rubicão.

Evidentemente, ninguém está livre de fazer uma avaliação errada diante de uma proposta ambígua. Nesse caso, não se sinta obrigado a seguir com o jogo só porque foi ingênuo e sentou-se à mesa com um malandro. Deixe o recinto na mesma hora. Não há por que ser elegante com alguém que não vale nada.

De uns anos para cá, os grandes jornais e os departamentos de jornalismo das rádios e das televisões produziram manuais de conduta para seus profissionais. Embora tendam a codificar mais do que é codificável, de modo geral são bastante úteis. Primeiro, porque resumem boa parte da experiência dos jornalistas diante das tentativas de sedução e cooptação, descendo a casos concretos e dúvidas específicas. Assim, fornecem um bom ponto de partida para agir em várias situações nebulosas. Segundo, os manuais de conduta servem como uma ótima desculpa para recusar propostas ou convites ambíguos sem parecer indelicado. Você não precisa deixar no ar a ideia de que desconfia das intenções de quem lhe fez a proposta, pode dizer simplesmente que o manual é muito estrito nesse tipo de caso.

Da primeira lealdade, você nunca esquece

Há algum tempo fez muito sucesso uma campanha publicitária dirigida às adolescentes que tinha como mote: "O primeiro sutiã, você nunca esquece". Com ligeiras adaptações, a frase poderia valer como bússola para os jornalistas se guiarem em meio às situações cinzentas: "Nunca se esqueça da sua primeira lealdade".

Nós, jornalistas, respondemos simultaneamente a numerosas lealdades no exercício de nossa profissão: às fontes, aos colegas, à categoria, aos chefes, à empresa em que trabalhamos, à nossa carreira, à sociedade etc. Todas elas são importantes:

- *Lealdade às fontes* – todo jornalista que se preza protege suas fontes, porque assim protege a informação e, portanto, o direito da sociedade de ser informada.
- *Lealdade aos colegas* – embora estejamos competindo uns com os outros o tempo todo, nossa competição tem regras. Agimos com lealdade com os concorrentes.
- *Lealdade à categoria* – enfrentamos juntos os mesmos adversários e costumamos agir em bloco contra eles.
- *Lealdade ao chefe* – goste ou não de seu chefe, ele existe. E você deve ser leal a ele, como ele deve ser leal a você. Vocês jogam juntos. É ótimo quando um confia no outro.
- *Lealdade à empresa* – somos leais ao jornal, ao rádio ou à TV em que trabalhamos. Esforçamo-nos para que façam a melhor cobertura possível dos fatos. Queremos também que a empresa vá para a frente. Afinal, se ela fechar as portas, iremos parar no olho da rua.
- *Lealdade à carreira* – desejamos ter sucesso na profissão, ganhar um salário digno, ser promovidos, ascender na carreira, ser reconhecidos. Temos lealdade a nós mesmos, é claro.
- *Lealdade à sociedade* – devemos lealdade à sociedade, que espera receber dos jornalistas informação fidedigna, correta e isenta.

Algumas vezes, essas diferentes lealdades se complementam ou estão em harmonia. Outras, porém, trombam entre si. Em caso de conflito, qual deve se sobrepor a todas as outras? Qual é nossa primeira lealdade, enfim? Responder corretamente a essa pergunta é crucial para o jornalista. E não deve haver ambiguidades na resposta: no exercício da profissão, por mais importantes e legítimas que sejam todas as demais lealdades, elas devem estar sempre subordinadas à lealdade à sociedade. É esta última que faz do jornalismo o que ele é.

Nós, jornalistas, temos um contrato informal com a sociedade, que nos garante uma série de prerrogativas, como o acesso a informações de caráter público, o respeito ao sigilo das fontes, uma certa tolerância no caso de transgressões à privacidade de terceiros se houver interesse público relevante em jogo, o direito de fazer perguntas e cobrar respostas, o direito de divulgar o que apuramos ou pensamos – em suma, gozamos de liberdade de imprensa. Em contrapartida, a sociedade espera que os jornalistas exerçam esses direitos com o objetivo de mantê-la informada, e não visando ao proveito pessoal ou empresarial. No fundo, o direito do jornalista à liberdade de imprensa é apenas um reflexo do direito de a sociedade ser bem informada. Essa é a questão básica que norteia a relação do jornalista com a sociedade.

Se alguém a serviço de uma empresa se meter a fuçar o lixo de outra companhia, poderá ser acusado – com razão – de espionagem industrial. Mas, se um jornalista fizer isso com o objetivo de informar a sociedade sobre determinado projeto que ameaça o meio ambiente, não só não acontecerá nada com ele como sua reportagem será bem recebida por leitores ou telespectadores. Qual seria a diferença, no caso, entre o espião industrial e o repórter? O primeiro estaria buscando tirar proveito particular da informação, o segundo estaria atrás dela para prestar um serviço público.

Pode parecer piegas, mas o jornalismo só existe como missão: informar a sociedade para que ela, bem informada, possa tomar suas próprias decisões da melhor maneira possível. Se esse princípio estiver claro, ficará mais fácil resolver os eventuais conflitos de lealdades.

Jornalistas protegem suas fontes, desde que não seja para esconder da sociedade uma informação relevante (mais à frente volto ao assunto, muito polêmico). Jornalistas são – ou deveriam ser – leais entre si, mas o preço da lealdade não pode ser o de proteger um colega corrupto ou desonesto. Os repórteres devem ser leais aos chefes, mas, se um deles mandá-lo adulterar ou omitir uma informação bem apurada, brigue pelo seu ponto de vista. Seu maior chefe é o leitor. Se a empresa jornalística, por interesses econômicos ou políticos, decidir segurar uma notícia em um determinado momento, pior para ela: a médio prazo, estará trombando também com o público. Você deve lutar para que a informação seja publicada. Sua primeira lealdade continua sendo com a sociedade. Nossa carreira é importante? Claro que é, mas não a qualquer preço. Se, para ser promovido, você tiver de sentar em cima de uma notícia, enganar o leitor ou divulgar lixo, fique sem a promoção. E comece a procurar outro emprego. Não vale a pena trabalhar em um lugar assim. E se um amigo ou parente pedir-lhe que publique algo que você sabe que não é verdade? Diga não. Não fazemos jornalismo para agradar nossos amigos ou perseguir nossos desafetos, mas para informar a sociedade. As pessoas de quem gostamos e que gostam de nós podem perfeitamente entender e compartilhar esses valores.

Assim, sempre que se defrontar com uma situação ambígua, analise-a à luz da sua primeira lealdade. E troque ideias com os amigos ou com os colegas mais experientes. Jornalistas seguem códigos de ética escritos, o da Federação Nacional dos Jornalistas e o das empresas onde trabalham, e um código de ética não escrito, o da Rádio Corredor. Todos são bons: os primeiros, como já mencionei, porque dão parâmetros e, às vezes, desculpas para driblar situações ambíguas; o último, porque dá conselhos. Assim, quando estiver em dúvida, converse com pessoas cujo julgamento você respeite. Geralmente, essa troca é muito rica. Não sendo formal, ela tende a descer mais fundo no problema do que os códigos e a enfrentá-lo com uma ferramenta talhada para perceber nuances: o bom-senso coletivo da nossa categoria.

Não confunda sociedade com opinião pública

É preciso deixar claro que a primeira lealdade do jornalista é com a sociedade e não com a opinião pública. Sociedade e opinião pública são coisas diferentes. Simplificando, a opinião pública é a opinião predominante na sociedade (ou em seu segmento mais ativo e participativo) em um determinado momento. Não se confunde com a própria sociedade, cujos interesses, objetivos e definições são permanentes e consolidados.

Para o jornalista político, a opinião pública é importantíssima, pois tem impacto forte e direto sobre os fatos políticos, em especial na atualidade, quando a enorme rapidez na circulação da informação produz reações quase instantâneas aos acontecimentos. Portanto, é imprescindível tomar o pulso da opinião pública e captar seus humores para entender as possíveis tendências de desenvolvimento da situação.

No entanto, cuidado com a opinião pública. Trate-a com respeito, mas não a reverencie como uma deusa. No fundo, ela não passa de uma velha senhora, volúvel, irrequieta e temperamental, um tanto quanto excêntrica, e muito mandona. Tem bom coração e bons valores, mas é um perigo com sua mania de simplificar as coisas e pronunciar verdades absolutas e definitivas sobre tudo. Todos nós temos uma tia assim. E sabemos que não é fácil lidar com ela e, muito menos, contrariá-la. O melhor é manter certa distância dela.

Nossa primeira lealdade não é com a opinião pública, mas com a sociedade; não é com o que pensa o segmento mais ativo e participativo do país em um certo momento, mas com o que julgamos ser os interesses mais gerais e permanentes de toda a sociedade. Trata-se de uma distinção fundamental.

Na invasão do Iraque, por exemplo, a imprensa norte-americana, curvando-se à onda de fervor patriótico que dominava os Estados Unidos naquele momento, considerou seu dever fazer uma cobertura simpática ao esforço de guerra comandado pela Casa Branca. Mais tarde, boa parte dos grandes jornais deu-se conta de que havia errado, contribuindo à sua maneira para meter os Estados Unidos no atoleiro em que se meteram. No fundo, os jornais confundiram-se na questão da primeira lealdade. Foram leais à opinião pública e não à sociedade. Não é à toa que se diz que, nas guerras, a primeira vítima é sempre a verdade. Quando se sente ameaçada, a velha senhora costuma ser despótica. Não ouve quem pensa diferente. Cala os dissidentes. Exige submissão.

> Frequentemente, em palestras em escolas de comunicação, perguntam-me se é muito difícil manter a independência diante do poder. Em meu caso, trabalhando na capital da República e em grandes empresas jornalísticas, não é tão complicado lidar com as pressões do governo. Mal ou bem, os grandes jornais, rádios e TVs conhecem seu próprio poder de fogo e sabem que seu principal capital é a credibilidade, algo que só se conquista e mantém com independência, o que, por sua vez, depende da credibilidade e da independência de seus profissionais.

É evidente que em alguns estados e em muitas cidades, as maiores pressões sobre o jornalista partem do poder – do governador, do prefeito, dos caciques políticos, dos grandes empresários etc. Isso ocorre especialmente em regiões e municípios em que a sociedade civil é de certo modo frágil e o Estado, um grande empregador e um grande anunciante. No caso dos jornais de municípios do interior, que dependem das verbas das Prefeituras para se sustentar, não há dúvida de que a maior ameaça vem das próprias Prefeituras. Nos estados mais pobres do Brasil também. Mas nos grandes centros e nos estados mais prósperos, nosso principal problema não é o poder.

Mais difícil, para mim, é enfrentar a pressão da opinião pública, em especial quando esta adquire ares de unanimidade. Sempre que, por convicção, trombei com ela, paguei imediatamente um preço desagradável: telefonemas de cobrança, cartas desaforadas, e-mails grosseiros, olhares recriminadores na rua. O mínimo que dizem é que estou levando dinheiro de alguém por não compartilhar a opinião predominante. São ondas que não duram muito – "la donna é mobile, cual piuma al vento", já dizia Verdi no Rigoletto *– mas azedam a vida de qualquer um. Confesso: às vezes, nesses casos, bate uma vontade danada de contemporizar, seguir a manada e acompanhar a ordem unida. Seria mais cômodo. Aí, lembro-me de que não sou jornalista para fazer média com a opinião pública, mas para informar a sociedade. E sigo em frente.*

Por tudo isso, não confunda opinião pública com sociedade. Você não deve lealdade alguma à opinião pública. Ela é apenas um ator do processo político, da mesma forma que o PMDB, o PT, o PSDB, Lula, Fernando Henrique, Antônio Carlos Magalhães ou Heloísa Helena. Como qualquer um deles, a velha senhora merece respeito e crítica. Mas nada além disso.

Jornalista não é notícia

Vivemos em uma sociedade cada vez mais marcada pela busca da celebridade, em que algumas pessoas fazem de tudo para ser famosas e pagam qualquer preço para aparecer. O pior é que, às vezes, aparecem, e então se descobre que não tinham nada importante para mostrar. Nós, jornalistas, não estamos imunes a essa onda de mediocridade, mas é bom passar longe dela. Afinal, nosso trabalho consiste em correr atrás da informação, e não da fama ou da promoção pessoal. Em princípio, vale a máxima: "Jornalista não é notícia. Se é, um dos dois, ou o jornalista ou a notícia, está com problemas".

É claro que há exceções. Se um jornalista lança um livro ou dá um show de clarineta, é compreensível que seja entrevistado pelos cadernos de literatura ou cultura. Digamos que um correspondente de guerra esteja voltando do fronte. É razoável que ele dê seu depoimento pessoal em um *talk show*. Mas, se repararmos bem, nesses casos, não é o repórter que é notícia, mas o livro, o show, a guerra.

Entretanto, afora situações desse tipo, os jornalistas devem tomar cuidado para não se confundir com a notícia, não se sobrepor a ela e não se prevalecer dela. O cuidado deve ser maior ainda no caso dos repórteres de televisão. Por aparecerem no vídeo, muitos são reconhecidos na rua e cumprimentados por desconhecidos. Se o profissional não for maduro, corre o risco de se deixar envolver por esse tipo de clima e acabar se comportando como uma celebridade. O ego vai à lua, o sujeito passa a se achar melhor do que os outros e logo se sente no direito de escolher que trabalho está ou não está à sua altura. Em três tempos, converte-se em uma pessoa insuportável. O pior é que a fama de um repórter de TV é absolutamente volátil e não significa nada. Tirem o repórter do vídeo e em seis meses ninguém lhe dará bom-dia na rua, a não ser os amigos e conhecidos, se ele não os tiver perdido com sua bestice no período de exposição no vídeo.

Algum tempo depois de ter começado a fazer comentários políticos na TV Globo, parei em uma lanchonete para tomar um mate gelado. O rapaz que me atendeu fez uma cara cúmplice e sapecou a pergunta:

– O sr. não é o Joelmir Betting?

– Não.

– Não é o Joelmir, aquele que faz comentários de economia? – insistiu, espantado.

– Não – mantive.

O rapaz trouxe o mate e continuou:

– Mas é incrível. O sr. é a cara do Joelmir Betting.

– É, mas não sou ele.

– O impressionante é que sua voz também é igualzinha à do Joelmir Betting. Devem lhe confundir muito com ele, não é?

– Não, é a primeira vez.

Mas o sujeito era duro na queda. Quando trouxe o troco, não resistiu:

– O sr. pode dizer que não é o Joelmir Betting, mas não me engana. Eu sei que o sr. é o Joelmir Betting.

E foi atender outro cliente, desconcertado com minha falta de cooperação.

Saí dali matutando se não deveria ter admitido que era o Joelmir. Afinal, um jornalista no vídeo não se distingue tanto assim de outro jornalista no vídeo. Ambos não passam de um borrão na memória de boa parte do grande público. Desde quando o nome do borrão é importante?

Outro dia – já estava escrevendo este livro – entrei no banheiro do aeroporto do Galeão. O faxineiro, um negão imenso, saudou-me com um sorriso de orelha a orelha:

– Salve o grande Joelmir Betting.

– Salve – respondi, feliz da vida por ter sido reconhecido.

Jornalista não briga com os fatos.

Presentes, viagens e jantares

De uns anos para cá, andam dando menos presentes para os jornalistas, o que não é ruim; ao contrário, é ótimo. Jornalista deve receber salário digno da empresa em que trabalha, e não presentes de quem quer que seja. Há uma ou duas décadas, porém, era comum, por exemplo, os profissionais de maior prestígio receberem cestas de Natal no fim do ano – lembranças de um empresário, de um político, de uma pessoa agradecida. Hoje, felizmente, esse espetáculo está se tornando cada vez mais raro.

Os manuais das redações são bastante estritos nessa matéria. Em geral, não veem problema no recebimento de livros, agendas, calendários, brindes modestos etc., mas fazem restrições a presentes valiosos. Mas o que é um presente valioso? Nem sempre é fácil fixar um limite e muito menos decidir o que fazer quando o limite é ultrapassado.

> *Quando dirigia a sucursal de Brasília do jornal* O Globo, *a Confederação Nacional das Indústrias deu-me de presente de Natal uma cafeteira elétrica. Não era algo caríssimo, mas tampouco era barato. De qualquer forma, achei que não devia aceitar o presente. Mas tampouco queria ser descortês, recusando-o, pois era evidente que se tratava apenas de uma gentileza, sem segundas intenções. Optei então por sortear a cafeteira entre os funcionários da sucursal e, com jeito, comuniquei minha decisão ao setor de comunicação social da CNI, explicando que o código de ética da empresa não me permitia ficar com o presente.*
>
> *Outros jornalistas da sucursal que também haviam recebido cafeteiras adotaram o mesmo procedimento. O mais curioso é que os funcionários sorteados tampouco ficaram com os presentes. Por debaixo do pano, devolveram-nos para os colegas que originalmente haviam recebido os brindes – menos para mim, é claro. Ou seja, o clima de Natal prevaleceu sobre a decisão da chefia.*
>
> *E, assim, ficou tudo como dantes no quartel de Abrantes. Tudo não, quase tudo. Porque o episódio propiciou uma boa discussão na sucursal sobre os presentes. No fim de ano seguinte, o problema praticamente desapareceu. A CNI, por exemplo, mandou agendas para todos na redação.*

É evidente que não há problema algum em aceitar uma compota de doces de um deputado por Minas, nem motivo para devolver uma rede oferecida por um político do Nordeste. Gentilezas desse tipo não chegam a ser comuns, mas ocorrem em todas as áreas de atividade e é possível lidar com elas naturalmente, sem cair na grosseria. Mas se o presente for uma garrafa de uísque? Ou uma garrafa de vinho francês? O que se pode aceitar e o que se deve recusar?

Em princípio, uma boa regra é não aceitar presentes tão caros que não se possa dar a um amigo. Você tem dinheiro para comprar uma garrafa de uísque para um colega de trabalho? Se tem, então ninguém estará adoçando-lhe a boca com isso. Você daria um Borgonha de cem dólares a seu primo que acha que entende de vinho? Não, então tampouco aceite um presente nessa faixa de preço. Esse macete costuma funcionar na maioria das situações ambíguas. Mas, às vezes, falha e é necessário apelar para a criatividade.

> *Certa vez um deputado com quem tenho boas relações mandou entregar em minha casa uma garrafa de um ótimo vinho português. O caso estava em uma zona cinzenta. Dependendo do amigo ou da ocasião, talvez eu desse um presente naquele valor. O que fazer? Se recusasse, poderia estar sendo descortês diante de um gesto amável. Se aceitasse, quem garante que não receberia uma caixa de Bordeaux no Natal?*
>
> *Apaguei o fogo com fogo, e retribuí a gentileza. Mandei entregar na casa do deputado um ótimo vinho espanhol, na mesma faixa de preço.*
>
> *Depois, trocamos avaliações. O vinho português estava excelente. Segundo o parlamentar, o espanhol também.*

Viagens com tudo pago são um tipo especial de presentes. Em princípio, apenas em ocasiões muito especiais devem ser aceitas. Vale a regra citada antes: só devemos aceitar as viagens que bancaríamos para um amigo. Ou seja, muito poucas. Um jornalista, quando viaja a lazer, paga a passagem do próprio bolso, como todas as pessoas. Se viaja a trabalho, a despesa é da empresa.

Mas aqui também há situações ambíguas. Se o jornal, e não o jornalista, recebe um convite para designar um repórter para visitar determinado país, cabe a ele decidir se vale a pena ou não. Com frequência, a resposta é positiva, mas se, da viagem, sair uma reportagem, o leitor deverá ser informado de que o repórter viajou a convite de determinada empresa, entidade ou órgão. Já se o convite é feito diretamente ao jornalista, e não ao jornal, só deve ser aceito se houver razão específica que justifique a viagem – um curso, um seminário, um intercâmbio –, sem qualquer exigência de contrapartida. Em qualquer hipótese, o jornal deve concordar com a viagem. E quem fez o convite deve saber que a decisão final será tomada em conjunto com o jornal. Assim, não haverá dúvidas de que a viagem tem caráter profissional, evitando-se ambiguidades.

Volta e meia, recebo convites de governadores ou de prefeitos para visitar seu estado ou cidade. Querem mostrar-me o que estão fazendo ou as belezas do lugar. Prefiro ser direto e recusar. Alego que, se aceitasse o convite, mais tarde não me sentiria à vontade para elogiá-lo ou criticá-lo.

Não há inconveniente algum em ir a jantares, festas ou banquetes oferecidos por políticos, partidos ou entidades. São eventos públicos, nos quais circula muita gente e, em certos casos, alguma informação. Não é por comer meia dúzia de canapés ou servir-se de um prato de comida no bufê que o jornalista passará a manter relações promíscuas com o anfitrião. Quando o jantar ou o almoço for em um restaurante, apenas entre o repórter e o político, recomenda-se "rachar" a conta. Às vezes, os jornais ou as TVs bancam integralmente a dolorosa. Seja como for, não deixe o político pagar sua parte das despesas. Se ele for mais rápido e pagar assim mesmo, da próxima vez a conta toda terá de ser sua.

FITAS, GRAVAÇÕES E CÂMERAS OCULTAS

Não compartilho da opinião de alguns colegas que consideram o uso de gravações ilegais ou câmeras ocultas expediente incompatível com a ética jornalística, que não pode, portanto, ser aceito em hipótese alguma. É verdade que, nos últimos anos, tem havido certa banalização desses procedimentos, o que é condenável, mas, em determinadas circunstâncias e obedecendo a regras muito estritas, sou a favor de sua utilização.

Que circunstâncias são essas? Deve haver interesse público relevante no assunto, tão relevante que justifique o uso de documentos e depoimentos obtidos por métodos heterodoxos. Note bem: "interesse público" e não "interesse do público". São duas coisas bem distintas. O público se interessa por numerosos assuntos que não têm interesse público – por exemplo, o namoro entre dois atores ou o fim do casamento de um grande empresário. Notas e matérias sobre as peripécias sentimentais de pessoas famosas aparecem nos jornais porque interessam ao público e envolvem pessoas públicas que, muitas vezes, tratam seus assuntos privados de forma pública; mas daí a dizer que há interesse público no tema vai uma grande distância. Não há. Por isso mesmo, não faz o menor sentido divulgar uma gravação feita ilegalmente para sustentar uma matéria sobre a briga entre um cacique político e sua amante, ou algo semelhante.

Muito diferente seria se um empresário gravasse ilegalmente uma conversa entre ele e um ministro em que este último pede dinheiro para facilitar uma licitação, ou se um delegado de polícia fosse grampeado avisando um narcotraficante de que os órgãos de segurança estariam a pique de deflagrar uma operação para capturá-lo. Em ambos os casos, as gravações mostrariam autoridades públicas envolvidas em atividades criminosas. Haveria relevante interesse público nas denúncias.

Mas mesmo assim algumas regras devem ser observadas.

Primeira: o leitor ou o telespectador deve ser claramente informado sobre as circunstâncias em que as gravações foram feitas. Se são legais, ou seja, se foram feitas por uma autoridade policial ou por um integrante do Ministério Público com autorização judicial, a explicação deve constar da matéria. Se foram feitas ilegalmente, isto é, sem autorização judicial e sem o consentimento de uma das partes, a reportagem deve informar ao leitor quem fez a gravação, em que situação, qual seu interesse na divulgação da fita e como esta chegou às mãos do repórter. São informações essenciais para que o leitor ou o telespectador forme sua opinião sobre a reportagem.

Segunda: a fita não elimina a necessidade da apuração. Ao contrário, deve ser tomada como ponto de partida para a investigação e não como o ponto de chegada. Parte da apuração consiste em submeter a fita à perícia técnica. Se houver indícios de edição ou trucagem no material, ele não deve ser divulgado.

Terceira: as pessoas que foram grampeadas têm o direito de dar sua versão dos acontecimentos e explicar o que disseram nas fitas. Se fizerem acusações à pessoa responsável pelo grampo, elas fazem parte da história. Não podem ser omitidas.

Até aqui estamos nos referindo às gravações feitas, legal ou ilegalmente, por pessoas que fazem as fitas chegar às mãos do repórter. Mas o repórter, ele mesmo, pode fazer gravações? Na minha opinião, apenas quando registra sua conversa com outra pessoa – e, mesmo assim, a fita vale apenas como base inicial para a apuração ou como elemento de confirmação para o caso de desmentido posterior. Fora isso, a divulgação da fita só se justifica em circunstâncias muito especiais, em que ao interesse público relevante somar-se um flagrante de atividade criminosa grave – e não de um delito banal.

No entanto, em hipótese alguma, o repórter poderá fazer gravações de conversas de outras pessoas, seja por meio de grampo telefônico, seja por interceptação de sinais, seja por escuta a partir de *bugs* em casas ou veículos. Isso é crime.

> *Certa vez, por acaso, um coleguinha em Brasília descobriu que fazendo determinada combinação de teclas em seu telefone celular era possível interceptar conversações telefônicas de outros celulares. Quando não tinha nada para fazer, ficava bisbilhotando a vida alheia. Um dia captou uma conversa telefônica do então ministro da Justiça, Nélson Jobim, com um subordinado sobre um assunto que era notícia. Ele trabalhava em O Globo e eu dirigia a sucursal do jornal em Brasília. Ele me procurou, passou as informações e abriu o jogo sobre como tinha chegado até elas. Tomei três providências. Proibi terminantemente que ele continuasse com aquele tipo de brincadeira, sob pena de demissão. Liguei para o ministro e relatei em linhas gerais o que havia ocorrido, para que ele tomasse as medidas que julgasse cabíveis para proteger suas conversas telefônicas. E não incluí nenhuma informação obtida ilegalmente na matéria do dia sobre o assunto.*

RECONHEÇA LOGO SEU ERRO

Trabalhamos contra o tempo e raramente conseguimos fazer a melhor matéria do mundo antes do horário de fechamento. Em geral, somos obrigados a nos contentar em fazer a melhor matéria possível no horário de fechamento. Por isso mesmo, há poucas profissões mais distantes da perfeição do que a nossa. Por mais que nos esforcemos para não errar, erramos muito – bem mais do que gostaríamos e do que o leitor ou o telespectador merece.

Às vezes, os erros não são relevantes e prendem-se a detalhes. Não vale a pena corrigi-los na edição do dia seguinte. Mas sempre que cometermos um erro de informação importante, devemos assumi-lo claramente diante do leitor, do telespectador, ou do ouvinte. Não é agradável, mas é o certo – lembre-se da sua primeira lealdade. Reconhecer um erro não diminui ninguém. Ao contrário, dentro de determinados limites, reforça a credibilidade do profissional. O público sabe que os jornais erram e confia mais no jornal que admite sem subterfúgios suas falhas do que naquele que tenta varrê-las para baixo do tapete. É claro que se os erros virarem rotina, não há credibilidade que resista.

O jornalista não briga com os fatos. Apesar disso, um erro bastante comum nas redações é o de baixar a bola dos furos – notícias exclusivas – da concorrência. Para justificar a ausência da notícia, o editor ou o repórter dedica-se a descobrir defeitos ou excessos no trabalho dos outros. "Botaram a matéria no micro-ondas", "de certa forma, já demos isso outro dia", "eu não daria nunca um alto de página para uma bobagem dessas", "garanto que vai sair um desmentido", e por aí vai.

Tudo bem, com frequência jornalistas passam do ponto e esquentam matérias, mas mais frequentemente ainda jornalistas levam bolas nas costas e não têm as informações que a concorrência teve. Portanto, nessas situações, o melhor é começar a correr logo atrás do prejuízo, porque a verdade é essa: já se está no prejuízo. O concorrente largou na frente, sabe onde está pisando, abriu fontes, tem *background information* sobre o assunto, ou seja, abriu uma volta de vantagem para a edição do dia seguinte. Quanto mais tempo você ficar no *box* discutindo com os mecânicos, pior para seu leitor – e, por tabela, para você. Entre na pista. Vá para a rua. Corra atrás da notícia que não teve. Mesmo que dessa vez você não consiga subir ao pódio, empenhe-se em fazer uma boa corrida de recuperação. Os grandes pilotos não vencem todos os grandes prêmios, mas disputam todas as provas como se pudessem vencê-las e procuram marcar pontos até nas corridas perdidas.

O dia a dia do jornalista político

"Como é a relação entre os jornalistas e o poder em Brasília? Há muita promiscuidade?" A pergunta é inevitável em palestras para estudantes de comunicação, não importa de que região ou cidade do país. Não tenho dúvida em responder que essa relação é extremamente profissional. É claro que, aqui ou ali, há colegas que passam do ponto e outros que, em certos momentos, derrapam, mas são exceções. De modo geral, os jornalistas políticos de Brasília exercem a profissão com garra, independência e paixão pela notícia. As autoridades que o digam. Não conheço uma que ache que repórter é um bicho de estimação. A maioria considera-nos uns verdadeiros selvagens. Já os políticos mais experientes tomam-nos pelo que somos (ou pretendemos ser): profissionais. E, portanto, buscam manter conosco uma relação também profissional. É assim que deve ser.

Para ilustrar a independência dos jornalistas de Brasília diante do poder, recorro sempre a uma comparação. No dia 14 de março de 1985, na véspera de sua posse como presidente da República, Tancredo Neves foi internado às pressas em um hospital da capital federal. O país ficou em estado de choque. Teria Tancredo sido vítima de uma tentativa de envenenamento ou algo semelhante? Afinal, parecia coincidência demais que o primeiro presidente civil eleito depois de 21 anos de presidentes militares, indicados pelo Alto Comando das Forças Armadas, tivesse sido acometido de uma doença grave horas antes de ser empossado. O que se passara?

Embora muita gente tenha tentado esconder os fatos, menos de 24 horas depois o país sabia a verdade. Tancredo estava com diverticulite aguda (inflamação nos divertículos, pequenas bolsas na parede intestinal). O diagnóstico de alguns dos médicos que o atenderam foi de tumor benigno nos divertículos. Em ambos os casos, era necessária uma cirurgia. O quadro agravara-se durante a campanha, porque Tancredo se recusara a tratar da enfermidade antes da posse, com receio de que a revelação do problema pudesse complicar ainda mais uma transição política já complicadíssima. Nos dias anteriores, tivera febre relativamente alta e constante, sinal de que a infecção se alastrava. Aos mais próximos, chegou a prometer que, assim que fosse empossado, se submeteria à cirurgia que os médicos recomendavam. Não deu tempo. Quando foi internado às pressas, o quadro já era gravíssimo. Morreu 39 dias mais tarde, depois de sete operações e de uma série de erros médicos, vítima de uma septicemia, infecção generalizada no organismo.

Agora, mudando de conversa, alguém sabe exatamente que bicho deu no Ronaldo Fenômeno no início da tarde de 12 de julho de 1998, em seu apartamento na concentração da seleção brasileira em Lésigny, nas imediações de Paris? Há muitas versões e informações desencontradas sobre a história, que continua nebulosa até hoje. Ronaldo teria sofrido convulsões no quarto, sendo levado às pressas para um hospital onde fez vários exames. Como nada foi constatado, liberaram-no para jogar. Entrou em campo horas mais tarde parecendo um zumbi – grogue, apático, fora de órbita. Perdemos o jogo. A França ganhou a Copa. Mais de seis anos depois, há teorias de todos os tipos para explicar o que aconteceu. Experimente puxar o assunto em uma mesa de bar depois de três rodadas de chope. Sai de baixo.

Devemos concluir daí que os jornalistas políticos são mais competentes para descobrir doenças de pessoas famosas do que os jornalistas esportivos? Claro que não. O nosso trabalho, por incrível que pareça, simplesmente é mais fácil. Em Brasília, temos uma enorme quantidade de fontes à disposição, muito mais do que em uma concentração da CBF. Melhor: elas têm interesses conflitantes e brigam entre si. Estão interessadas em falar ou podem se interessar em falar se souberem que outros já andaram dando suas versões sobre os fatos. Em Lésigny, ao contrário, prevalecia o clima de ordem unida – manda quem pode, obedece quem tem juízo. Resumindo: na cobertura política, pescamos livremente no oceano, onde há de tudo, e não em um tanque artificial, monitorados pelo dono da casa.

São 513 deputados, 81 senadores, mais de 30 ministros, 11 integrantes do Supremo Tribunal Federal, além de uma legião de milhares de assessores, secretárias, técnicos, funcionários, amigos, lobistas, curiosos – um mar de gente com informação. Se o repórter de política pescar no lugar certo, com a isca certa e com o anzol certo, voltará para casa todos os dias levando algo para o jantar. Não há a menor necessidade de ser promíscuo para chegar à informação. Basta usar a cabeça e ralar. Se alguém é promíscuo, é porque quer.

Conversar com muita gente

Conversar todos os dias com muita gente, de todos os tipos, das mais variadas origens e com os mais diversos interesses. Essa é a regra número um do jornalismo político. Claro que ela vale para toda e qualquer área de cobertura, mas, no caso da política, vale mais ainda. Afinal, boa parte da luta política resume-se à disputa entre as diferentes versões do mesmo fato. Políticos mentem muito – às vezes até quando pensam falar a verdade – e poucos são fontes confiáveis. Mas têm acesso a muita informação – às vezes até sem saber – e são fontes imprescindíveis. Não dá para passar sem eles, mas tampouco dá para comprar a mercadoria pelo preço que é vendida. A solução, como na feira, é pechinchar e bater perna em outras barracas. Ou seja, conversar com muita gente, checar as versões iniciais e desconfiar de tudo que faz sentido demais.

Mais à frente, volto a esse último ponto. Por ora, basta registrar o que talvez seja uma das regras mais importantes do jornalismo político: no jogo do poder, desconfie de tudo que faz sentido demais. Não costuma ser verdade.

Todos os políticos, sem exceção, têm interesses e objetivos, lealdades e inimizades, ambições e ressentimentos, cacoetes e vaidades, que inevitavelmente filtram, apimentam e marcam seus relatos. Mais: como são pessoas treinadas na arte de convencer os outros, costumam ser ótimos contadores de histórias. Sabem reproduzir um episódio saboroso, recriar um bate-boca esquentado, aprimorar uma frase espirituosa – e com isso tornam o peixe que vendem muito atraente aos olhos do freguês. Cuidado! Vire e revire o peixe, cheire-o e não hesite em testar a consistência da carne com o dedo. Amanhã você agradecerá a si mesmo pelo que, em um primeiro momento, pode ter-lhe parecido um excesso de precaução. A imaginação (ou a maldade) criadora dos políticos costuma causar mais baixas entre os jornalistas do que os frutos do mar de origem duvidosa.

A não ser em acontecimentos públicos, como sessões da Câmara e do Senado, reuniões partidárias abertas, solenidades oficiais e comícios, raramente o repórter consegue estar presente no momento e no local do fato, acompanhando diretamente o ocorrido e fazendo sua própria avaliação. Em geral, nos casos de negociações nos bastidores, audiências de governo, reuniões partidárias fechadas, encontros políticos reservados etc., ele é obrigado a reconstituir o que aconteceu com base em relatos de segunda ou terceira mão.

Nos primeiros meses do governo Lula, a equipe do presidente, pouco acostumada à cobertura política de Brasília, ficava espantadíssima ao ver nos jornais detalhes de reuniões sigilosas realizadas no Palácio do Planalto. Ricardo Kotscho, então assessor de imprensa de Lula, não se conformava com as aspas reproduzindo frases de Lula em reuniões fechadas, às vezes publicadas em diferentes jornais. Em tom de brincadeira, vivia perguntando aos jornalistas se eles tinham escondido um anãozinho debaixo da mesa de reuniões para ouvir e depois repetir, palavra por palavra, diálogos mantidos a portas fechadas. É claro que os relatos às vezes eram fiéis, às vezes, nem tanto. O mérito ou a culpa, evidentemente, nunca foi de qualquer anãozinho, mas do participante da reunião que reproduzia com maior ou menor rigor o que havia acontecido entre quatro paredes.

Como o jornalista, muitas vezes, não tem um ponto de partida seguro para a apuração, a primeira providência é reunir grande massa de informações que lhe permita aproximar-se dos fatos. O segundo passo é fazer a triagem do material bruto, retendo os pontos consistentes, descartando as invenções e "plantações" e identificando as questões ainda obscuras ou confusas.

Em reuniões muito fechadas, com pouquíssimos participantes, nem sempre se consegue ouvir mais de uma fonte antes do fechamento da matéria. O que fazer? Guardar a notícia? Passá-la para a frente assim mesmo? Não há receita de bolo para todas as situações. Cada caso é um caso. Se a fonte for muito boa, às vezes dá para arriscar; mas, se ela não estiver com essa bola toda ou for parte interessada na história, recomendo pensar duas vezes antes de passar a informação para a frente. De qualquer forma, é bom nunca perder de vista que jornalistas noticiam fatos. Se não temos certeza sobre uma informação, não devemos publicá-la; mas, se, apesar disso, decidimos fazê-lo, porque há uma boa chance de que corresponda aos fatos, temos a obrigação de dividir com o leitor, ouvinte ou telespectador nossas inseguranças. Ele não merece ser enganado, comendo gato por lebre, ou dúvida por certeza.

A regra de bater papo com todo mundo é para ser seguida sem preconceitos. Conversa-se com qualquer um, desde que ele tenha ou possa ter informação. Caciques ou integrantes do "baixo clero", gente séria ou vivaldinos, pessoas preparadas ou energúmenos, ministros ou funcionários de carreira, todos têm ou podem ter alguma informação para dar. Tanto vale conversar com quem é sério e tem espírito público como com quem é pilantra e, por trás de um discurso arrumadinho, só pensa em seus interesses particulares. Relaxe. Você não está votando em alguém ou assumindo a opinião de quem quer que seja por causa de uma conversa. Está apenas garimpando informação. E, como uma boa história raramente é descoberta de uma vez só, você precisa construí-la a partir de muitos depoimentos, inclusive o de pessoas de quem não compraria um carro usado.

Lugar de repórter de política é no Congresso

Fonte não precisa ter caráter, precisa ter informação. Cabe ao repórter não ser ingênuo. Se está lidando com um sujeito ordinário, tem de ficar com os dois pés atrás, checando e rechecando tudo que vier dele. E não subestime a esperteza de um sujeito só porque ele não fala bonito, não se veste bem ou tem cara inexpressiva. A teoria lombrosiana já caiu em descrédito há muito tempo. Como disse o doutor Ulysses Guimarães um dia, referindo-se aos deputados que lotavam o plenário da Câmara: "Aqui não tem bobo. Os bobos ficaram de suplentes".

Hoje em dia, o coração da cobertura política é o Congresso. É claro que há informações importantíssimas que, em um primeiro momento, estão circunscritas ao Palácio do Planalto, a um grupo de ministros ou a um punhado de caciques partidários. Porém, mais cedo ou mais tarde, de um jeito ou de outro, elas acabarão passando pela Câmara e pelo Senado. Como há centenas de parlamentares e assessores, as chances de vazamento são muito maiores no Congresso do que na Presidência da República e adjacências. Além disso, o conflito de interesses é bem mais intenso e variado no Legislativo do que no Executivo. É mais fácil, portanto, pescar inconfidências e ressentimentos na Câmara e no Senado do que do outro lado da Praça dos Três Poderes. Por último, não há lugar mais adequado para se tomar a temperatura da situação política do que o Congresso. No Planalto e nos palácios fechados, as situações terminais, às vezes, podem ser prolongadas por semanas ou meses com o auxílio de aparelhos. Já na balbúrdia da Câmara e do Senado é impossível tapar o sol com a peneira. Cheira-se no ar as mudanças de humor que antecedem as reviravoltas no jogo político. Sente-se na pele os sinais de que o tempo está virando e há ressaca a caminho.

Carlos Castello Branco, o Castelinho, escreveu a mais importante coluna política do país durante todo o período da ditadura militar. Quase não punha os pés no Congresso. Reza a lenda que, como Maomé não ia à montanha, a montanha ia até Maomé. As fontes ligavam para ele diretamente na sucursal do Jornal do Brasil *em Brasília.*

Daí que haja quem acredite que se pode cobrir política sem sair da redação, pelo telefone. Discordo. O estilo de Castelinho funcionou na ditadura, quando o Parlamento não tinha a importância atual e as informações mais relevantes não passavam por ele. Hoje não é assim – ainda bem, sinal de que vivemos em uma democracia. Lugar de repórter é na rua. E a rua, para o repórter de política, passa pelo Congresso.

É evidente que o repórter encarregado do Palácio do Planalto ou de determinados ministérios tem de se concentrar na sua área de cobertura. Mesmo assim, é aconselhável que ele frite o peixe com um olho na frigideira e outro no gato. Deputados e senadores sabem mais sobre o que se passa nos palácios do que os ministros e assessores do presidente gostam de admitir. Muitas vezes sabem mais do que os próprios ministros e assessores. Depende do ministro ou do assessor. Depende do deputado ou do senador. O negócio é chegar à pessoa certa.

De qualquer forma, nas matérias sobre o Poder Executivo, é sempre aconselhável abrir a janela e lançar um olhar sobre o Legislativo. No mínimo, ajuda a arredondar a notícia, pondo um pouco de tumulto nas lógicas e certezas emanadas do Planalto. Como diria Fernando Henrique, por mais cartesiano que seja o discurso, a política no Brasil tem sempre uma pitada de candomblé.

> *Vou ao Congresso praticamente todos os dias em que há sessões. Circulo pelo plenário da Câmara e do Senado, dou uma passada em uma ou outra comissão, faço ponto no Salão Verde – uma espécie de pracinha de cidade do interior plantada no coração da Câmara dos Deputados. Dessa forma, tomo a temperatura do dia e, às vezes, da semana. E converso com dez, quinze pessoas diferentes – conversas rápidas ou longas, com políticos experientes ou marinheiros de primeiro mandato, com técnicos ou assessores, com autoridades ou lobistas. Alguns papos são marcados com antecedência, mas a maioria acontece ao acaso. Muitas vezes, as informações mais importantes surgem dos encontros que não estavam previstos em meu plano de voo inicial. Sorte? Não. Na cobertura política, também vale a máxima de Gentil Cardoso, folclórico técnico de futebol da década de 1960: "Quem desloca, recebe; quem pede, tem preferência". Quem circula, é informado; quem corre atrás da notícia, tem mais chance de se encontrar com ela.*

A rua vai muito além do Congresso

O Congresso é o coração da cobertura política, mas é bom nunca perder de vista que o Brasil não é Brasília – e o mundo real tem muito mais influência sobre o mundo oficial do que se imagina. A maioria dos brasileiros acha que os políticos vivem em uma "ilha da fantasia", fazem o que bem entendem e não dão satisfação a quem quer que seja. Felizmente não é assim.

Deputados renovam seus mandatos a cada quatro anos (senadores, a cada oito). Todos eles, mal foram eleitos, já estão pensando na reeleição ou em voos mais altos, o que, em boa medida, depende do resultado das disputas para prefeitos e vereadores. Desse modo, direta ou indiretamente, os parlamentares são testados nas urnas a cada dois anos. Ou seja, vivem em campanha e são obrigados a dividir seu tempo entre as atividades congressuais e eleitorais, entre Brasília e os estados. Têm um pé na "ilha da fantasia" e o outro nos municípios e regiões onde pedem votos.

Vale dizer: deputados e senadores são muito mais sensíveis às pressões e humores da opinião pública do que a própria opinião pública imagina. É evidente que essa sensibilidade não é idêntica entre os 513 deputados e 81 senadores. Alguns têm o couro mais grosso e são capazes de ignorar solenemente as pressões da sociedade – em geral são deputados eleitos pelos municípios mais pobres e atrasados, onde impera a política de clientela e o voto, muitas vezes, é trocado por favores.

> *"Nas minhas bases, eu nunca fui apresentado a essa tal de opinião pública", disse-me uma vez, entre risadas, o então deputado Nilson Gibson (PE), ao justificar seu voto a favor de uma medida francamente impopular. Em 1998, Gibson tentou seu sexto mandato na Câmara, mas não conseguiu se reeleger. Talvez "a tal da opinião pública" tenha resolvido dar o ar de sua graça no quintal dele.*

Há casos assim. No entanto, a maioria dos deputados e senadores faz política procurando levar em conta a direção do vento. Em tempos normais, a opinião pública pode não ser o único fator que influencia seus votos e atitudes – muitas vezes não é sequer o principal –, mas, de um modo ou de outro, pesa na balança. Contudo, em momentos de tempestade, quando expressa uma vontade firme da maioria do país, ela é capaz de operar milagres, produzir reviravoltas, abrir porteiras e mudar votos. O caso do *impeachment* de Fernando Collor é típico. Em tese, o então presidente tinha votos suficientes na Câmara para barrar a abertura do processo por crime de responsabilidade e safar-se do *impeachment*. A pressão popular, porém, foi tamanha, que grande número de deputados, por razões de sobrevivência política, mudou de lado e alinhou-se com o sentimento das ruas. Meses depois, Collor era afastado da Presidência da República.

> *Às vezes, a pressão das ruas demora a dar resultados. Em 1983 e 1984, na maior mobilização popular da História do Brasil, o país inteiro saiu às ruas exigindo "Diretas Já" e a aprovação da Emenda Dante de Oliveira, que restabelecia as eleições diretas para presidente da República. A ditadura militar, mesmo enfraquecida, recusou-se a ceder diante do clamor nacional e mobilizou os parlamentares de sua base para derrotar a proposta. Embora 298 deputados tenham apoiado a emenda e só 65 ficado contra, faltaram 22 votos para atingir o quórum de dois terços*

necessários para mudar a Constituição do regime militar. À primeira vista, a voz rouca das ruas fora derrotada.

Mas só à primeira vista. A campanha das "Diretas Já" mudou o país definitivamente. A partir daí, o impulso pela redemocratização tornou-se tão intenso e profundo na sociedade e o isolamento político da ditadura tão completo que não era mais possível manter as coisas no mesmo pé. O regime estava moribundo. Meses depois, em agosto de 1984, sua base parlamentar rachou: uma parcela dela, chefiada por Aureliano Chaves, Marco Maciel e José Sarney, rompeu com o governo e aliou-se à oposição, apoiando a candidatura de Tancredo Neves no Colégio Eleitoral.

Em 15 de janeiro, Tancredo foi eleito presidente da República, pondo fim a 21 anos de ditadura militar. Obteve 480 votos contra 180 dados a Paulo Maluf, candidato apoiado a contragosto pelo general Figueiredo. Quase nove meses depois da derrota da "Diretas Já", a pressão popular, escrevendo certo por linhas tortas, acabou vitoriosa.

Por tudo isso, o repórter político não pode limitar a cobertura aos fatos que acontecem entre as quatro paredes do Congresso. Deve estar permanentemente atento às flutuações do estado de espírito da sociedade e às mudanças nos humores da opinião pública. Muitas batalhas parlamentares que, em um momento, parecem decididas, inclinando-se em uma direção, mudam de forma abrupta de rumo, uma ou duas semanas depois, porque um bom número de deputados e senadores deu-se conta de que estava trombando com os eleitores e preferiu retificar seus tiros. Assim, na véspera de votações importantes, que afetam a vida de milhões de pessoas e são seguidas de perto pela sociedade, a cobertura não pode se limitar a acompanhar o jogo parlamentar. Precisa também captar como o vento que sopra das ruas está mexendo com o ânimo de deputados e senadores. Às vezes, é uma brisa que dá e passa. Às vezes, é um vendaval que vira tudo de pernas para o ar.

Na corda bamba com as fontes

Que distância o repórter deve manter das fontes? Vale o bom-senso. Talvez você já tenha lido em algum lugar a resposta do senador Pinheiro Machado, eminência parda da política nacional durante boa parte da República Velha, ao motorista que lhe perguntou como deveria dirigir o carro em meio a uma multidão hostil: "Nem tão ligeiro que pareça medo, nem tão devagar que pareça provocação". Pois bem, na relação com as fontes, o ideal é buscar um equilíbrio semelhante. No mínimo, dá uma boa frase: "Nem tão distante que se perca a informação, nem tão perto que se perca a independência".

Há quem diga que não se deve ser amigo das fontes. Em princípio, a regra é pertinente, mas, como em tudo na vida, cabem exceções. Tenho amigos que são ótimas fontes. Em geral, não são políticos, mas técnicos, funcionários de carreira, profissionais liberais etc. que não estão envolvidos diretamente na luta pelo poder. Tenho amigos que deixaram de ser boas fontes no momento em que ocuparam posições importantes. Tive amigos de quem me distanciei porque tentaram usar a relação pessoal para influenciar meu trabalho profissional.

> *Nos primeiros meses de 1998, logo depois da desvalorização do real, a popularidade de Fernando Henrique foi à lona. O PT passou à ofensiva e algumas alas do partido lançaram a palavra de ordem "Fora FHC". Estavam brincando com fogo. Afinal, o presidente ainda tinha quase quatro anos de mandato pela frente. Mas o tom geral dos discursos dos principais nomes do PT era razoável. Criticava o governo e procurava desgastá-lo, como é normal na luta política, mas sem flertar com soluções heterodoxas.*

> *Quando o PT convocou uma grande manifestação em frente ao Congresso Nacional, na qual se previa a presença de cem mil pessoas, vindas de todas as regiões do país, a temperatura política em Brasília subiu imediatamente. Naqueles dias, recebi um telefonema de um amigo, que estava ministro. Pedia-me que fizesse um comentário condenando a estratégia golpista do PT. O tom era dramático: "A democracia pela qual nós tanto lutamos está em perigo. É necessário denunciar esse pessoal. Conto com você". Fui seco: "É melhor não contar. Não gosto de que ninguém me diga o que devo falar ou escrever. Vamos esquecer esse telefonema".*

> *Nunca mais ficamos à vontade um com o outro.*

Na relação com as fontes, sempre que surgirem situações ambíguas – e elas surgem com frequência –, ligue o alarme e se pergunte: algo está trombando com minha primeira lealdade, com minha lealdade à sociedade? As fontes são vitais para qualquer repórter, mas não são mais importantes do que o compromisso de informar com competência e independência. Nunca perca isso de vista.

> *Se você já esqueceu o que é a primeira lealdade, volte ao capítulo anterior, página 32, e leia-a de novo. É o que há de mais importante neste livro.*

Por que alguém decide passar informação para um repórter? Por que alguém vira fonte? Os motivos variam, mas, de uma forma ou de outra, a fonte sempre age movida por interesse, pessoal ou público, individual ou coletivo, legítimo ou escuso. O mais comum é o sujeito dar a informação porque acredita que a divulgação irá beneficiá-lo. Com muita frequência acontece também o contrário: ele quer prejudicar um desafeto. Há casos em que as fontes têm razões mais nobres: depararam com uma safadeza, uma negociata, um abuso e querem lançar luz sobre o fato. Há também pessoas que passam informação porque, de alguma forma, se sentem poderosas ou influentes quando a notícia aparece no jornal. No fundo, gostariam de ser jornalistas, e não fontes. Há de tudo um pouco.

Conversamos com as fontes em lugares e em circunstâncias extremamente variados. Usa-se muito o telefone, mas o contato pessoal é indispensável para conversas mais longas ou assuntos mais complexos. Os papos podem se dar no Congresso, no Planalto, nos ministérios, na residência dos políticos, no carro a caminho do aeroporto. E nos restaurantes. Em Brasília, conversa-se muito com as fontes em almoços, jantares e cafés da manhã.

Não há problema algum em jantar, almoçar ou mesmo tomar um uísque com ministros ou parlamentares. Ao contrário, faz parte do trabalho. Nessas ocasiões, muitas vezes, o político relaxa, fica mais à vontade, solta-se mais. E, com frequência, estabelece uma linha direta com o repórter que se mantém mesmo depois de os dois terem deixado o restaurante. Há ainda jornais ou jornalistas que oferecem jantares a essa ou aquela personalidade. Se você for convidado, não deixe de ir. Se não for, esforce-se para ser. Esses eventos não costumam render tanta informação quanto as conversas em uma mesa de restaurante, em um grupo pequeno, mas são ótimas oportunidades para conhecer pessoas, abrir fontes e entrar em áreas a que você normalmente não tem acesso.

> *Nos meus primeiros anos em Brasília, fui a muito jantar para fulano ou beltrano. Conheci muita gente e aprendi a me mexer na cidade. Hoje, na medida do possível, concentro-me nos jantares em que há mais informação do que movimento. Mas, se você ainda é novo na área, não deixe de investir no movimento. Está lá no Eclesiastes: "Há o tempo para plantar e o tempo para colher o que foi plantado".*

ON E OFF

Há informações em *on* e em *off* (*on the records* e *off the records*, com registro ou sem registro). No *on*, alguém assume a responsabilidade pela informação. Por exemplo: "O presidente do PFL, fulano de tal, disse que seu partido está aberto para alianças, mas não abre mão de lançar um candidato próprio a presidente da República em 2006". Informação em *off* é aquela que uma pessoa nos dá com a condição de que seu nome não apareça na história. Por exemplo: um dos membros da executiva do PFL, que pediu expressamente para não ser identificado, pode ter-nos informado de que a decisão da candidatura própria não é para valer, sendo apenas um expediente para fortalecer o partido nas negociações. Nesse caso, a matéria poderia ser aberta assim: "O presidente do PFL, fulano de tal, disse ontem que seu partido não abre mão de uma candidatura própria a presidente em 2006, mas outros dirigentes pefelistas reconheceram, em conversas reservadas, que a posição oficial não é definitiva. Dependendo das negociações, o PFL pode vir a apoiar o candidato do PSDB, sicrano de tal, se algumas condições forem satisfeitas".

Na cobertura política, o *off* é essencial. Sem ele, dificilmente os repórteres conseguiriam recuperar informações de bastidores, de reuniões reservadas ou de negociações políticas fechadas. Mas pelo menos cinco regras devem ser observadas em relação ao *off*.

Primeira: não banalizá-lo. Quando divulgamos uma informação em *off*, na prática estamos sonegando outra informação ao leitor: a origem da notícia. Portanto, o fato deve ser realmente importante. *Off* sobre trivialidade não tem o menor cabimento.

Segunda: o *off* tem de ser expressamente pedido. É uma combinação feita em caixa alta e não nas entrelinhas. É horrível o repórter dar alguma coisa em *off* e o concorrente dar em *on*.

Terceira: *off* é para ser verificado. Muitas vezes, em uma nova rodada de apuração, o que era *off* pode virar *on* na boca de outra pessoa. Algumas vezes, não se chega a tanto e a confirmação também só é dada em *off*, mas, pelo menos, estamos mais seguros sobre a qualidade da informação inicial.

Quarta: o *off* só se aplica à informação. Para opinião, não existe sigilo. Se quem emite a opinião não quer bancá-la por que o repórter iria fazê-lo?

Quinta: não existe anonimato para quem quer lançar acusações contra a honra de terceiros. Se o senador fulano quer denunciar o deputado beltrano, seu desafeto, por corrupção, que assuma a denúncia.

Jornalistas protegem suas fontes que falam em *off*. É um dever, porque assim se protege a liberdade de informação. E é um direito também, reconhecido expressamente na Constituição, que diz no art. 5º, inc. XIV: "É assegurado a todos o acesso à informação e resguardado o sigilo da fonte, quando necessário ao exercício profissional". Ou seja, ninguém pode me obrigar a revelar o nome de quem me deu determinada informação. Nem a polícia, nem o Judiciário, nem o presidente da República.

Mas eu mesmo posso decidir abrir uma fonte. Quando? Em que circunstâncias? Esta é uma questão muito polêmica entre os jornalistas. Muitos acham que o sigilo da fonte é sagrado, não podendo ser quebrado em nenhuma hipótese. O *off* seria uma catedral, um templo, que, em circunstância alguma, poderia ser violado.

Discordo. Há casos em que o chefe pede ao repórter que abra sua fonte porque o episódio é grave e o jornal precisa saber melhor onde está pisando, e o repórter, se tiver confiança no superior, pode fazê-lo. Na verdade, nesse caso, não haveria quebra, mas transferência do sigilo da fonte. O chefe ficaria obrigado a mantê-lo.

Algumas vezes a situação é mais complicada ainda. A informação que nos foi dada pela fonte revela que ela está envolvida em um ato ilícito grave, que ameaça a sociedade e precisa ser revelado com a identidade do informante, para que seja possível uma ação rápida e eficaz para abortar o perigo. Nessas circunstâncias, é evidente que o *off* deve ser quebrado.

> *Em 1985, ao fazer uma reportagem para a* Veja *sobre a insatisfação no Exército com os baixos soldos, a repórter Cássia Maria Rodrigues ouviu, em off, do então capitão Jair Bolsonaro, hoje deputado, a informação de que ele e outros jovens oficiais pretendiam explodir bombas em lugares públicos para chamar a atenção para o problema. Diante da gravidade da situação, a revista decidiu quebrar o off e revelar o nome do autor da ameaça, para que as autoridades pudessem tomar providências rapidamente.*
>
> *A meu ver,* Veja *acertou. Por que a identidade de alguém que proclama sua intenção de soltar bombas deve estar acima do direito da sociedade de se proteger dos atentados?*
>
> *Outro exemplo: em uma conversa com o repórter Luiz Cláudio Cunha, da revista* IstoÉ, *o senador Antônio Carlos Magalhães revelou que a polícia da Bahia havia grampeado ilegalmente telefones de desafetos seus e de uma ex-namorada. Deixou*

claro que tinha acesso às informações obtidas nas escutas e pretendia usá-las contra os adversários. O repórter e a revista decidiram divulgar o fato, e creio que estavam certos. A informação era relevante. Por que deveria ser escondida da sociedade? Sigilo da fonte existe para dar informação à sociedade, não para sonegá-la.

Alguns argumentam que, se a moda de quebrar *off* pega, ninguém mais dará informação para jornalista. Trata-se de exagero. Não é todo dia que nos defrontamos com situações extremas, como as mencionadas. Elas são raríssimas, e tanto os jornalistas como as fontes sabem perfeitamente disso.

Pessoalmente, jamais tive de fazer uma opção dessa natureza. Mas se alguém contar-me que pretende sair jogando bombas por aí ou que mandou grampear ilegalmente os telefones de ex-namoradas e desafetos, vou logo avisando: não conte com meu silêncio. Minha primeira lealdade é com a sociedade.

Reunir muito mais informação do que vai precisar

Raramente o repórter está livre para fazer o que bem entende. Quase sempre tem uma pauta para cobrir: a sessão do plenário do Senado, a briga interna do PMDB, a crise no Ministério da Defesa e por aí vai. Queira ou não, terá de passar o dia inteiro focado em um determinado assunto, recolhendo e selecionando informações para a matéria encomendada pela chefia. No entanto, mesmo concentrando-se em um tema específico, não deveria perder de vista os demais assuntos da cobertura política. Quem disse que a briga interna no PMDB não acabará afetando os trabalhos do Senado naquela semana? Quem garante que a crise do Ministério da Defesa não terá desdobramentos na base governista? Na Praça dos Três Poderes, as balas ricocheteiam mais do se imagina. E mais gente é ferida por acaso na Esplanada dos Ministérios do que nas cercanias do Morro dos Macacos, no Rio de Janeiro. Por isso mesmo, o repórter, ainda que com o foco na pauta que lhe coube, deve se manter antenado em relação a tudo que acontece na área política, mesmo que esse ou aquele fato não pareça ter conexão direta com o que ele está cobrindo.

Não é tão complicado assim, a não ser para pessoas como o ex-presidente dos Estados Unidos Gerald Ford. Dizem que ele era incapaz de fazer duas coisas ao mesmo tempo, mesmo as mais simples, como caminhar e mastigar chicletes. Não é o caso da esmagadora maioria dos jornalistas. Conheço gente que, na caça à notícia, faz o impossível: assobia e chupa cana.

Além disso, muitas vezes, uma informação aparentemente irrelevante hoje pode mostrar-se importantíssima amanhã. Em geral, nós, jornalistas, sabemos da missa bem menos do que a metade e muito menos do que gostamos de admitir. Por isso mesmo, com frequência, em um primeiro momento, não temos condições de avaliar corretamente a importância de uma dica ou de uma informação fragmentada. Se as descartamos de modo sumário apenas porque não se encaixam na matéria em que estamos trabalhando naquele instante ou não fazem muito sentido, corremos o sério risco de estar jogando fora um ótimo ponto de partida de uma próxima reportagem. Ou um furo.

Falo por experiência própria. Em uma tarde de setembro de 1993, um funcionário da Câmara abordou-me em um corredor do Congresso e disse-me baixinho, em tom conspiratório:

— Tem encrenca da grossa na Comissão de Orçamento. A mulher do José Carlos Alves, o principal assessor da comissão, foi assassinada. Parece que ele mandou matar a mulher. E está para ser preso.

— Mas por que ele mataria a mulher?

— Meu palpite é que foi queima de arquivo. Ela descobriu o esquema de corrupção da comissão e resolveram apagá-la.

— Você está seguro?

— Não, como eu disse, é um palpite.

— Mas não pode ser crime passional?

— Pode, parece que ele pulava a cerca. Mas por que ele iria matar a mulher, se o galinha era ele?

— Nesse negócio de casamento, a gente nunca sabe a história toda.

Ele concordou meio sem graça. Não havia visto a história por esse ângulo.

De qualquer forma, agradeci, disse que ia verificar e fui em frente. O caso era tão rocambolesco que não dava para acreditar.

Mas era a pura verdade. Dois dias depois, todos os jornais do país estavam atrás da história. José Carlos foi preso e descobriram centenas de milhares de dólares em um armário da casa dele. O palpite da minha fonte estava certo: a mulher, irritada com a infidelidade do marido, ameaçou revelar como funcionava o esquema de corrupção que imperava na Comissão de Orçamento. Apavorado, José Carlos resolveu dar um sumiço nela, mas acabou descoberto.

Os fatos precipitaram-se, como uma bola de neve. Menos de uma semana depois, o Congresso instalou uma CPI, que terminaria derrubando os anões do Orçamento e provocando a cassação do mandato do ex-presidente da Câmara Ibsen Pinheiro.

A melhor história do ano bateu à minha porta, mas eu não a abri porque sabia tudo sobre crimes passionais e tinha coisas mais importantes a fazer. Sempre que me perguntam qual foi o maior furo da minha vida profissional, respondo:

— O que não dei, o do José Carlos Alves.

E conto o caso que me ensinou a ser menos sabido e mais curioso.

A solução para evitar vexames como esse é simples: arquivar mentalmente todas as informações recebidas, mesmo aquelas que, à primeira vista, não parecem úteis, deixando-as repousar por alguns dias na memória. Da mesma forma que os computadores, que têm memória RAM e disco rígido, nossos cérebros também se valem de diferentes departamentos para cumprir diferentes funções. Aliás, são muito mais sofisticados. Assim, informações para uso imediato e para arquivamento e eventual processamento posterior não ocupam o mesmo espaço. Podem conviver perfeitamente umas com as outras.

De qualquer forma, nunca jogue fora informação, por menos relevante e mais inverossímil que seja. Ela pode tornar-se importante amanhã. Se você arquivá-la mentalmente, ela estará lá à sua espera. Se não for relevante, com o tempo será transferida de forma natural para a lixeira da sua memória. Por isso, não perca tempo e energia fazendo faxina no meio de um dia de trabalho. Dedique-se a reunir informação, muita informação, toda a informação que puder. Do resto, a natureza cuida.

Quando dirigimos um automóvel, sem nos darmos conta, executamos simultaneamente dezenas de tarefas. Controlamos o volante, aceleramos ou freamos o carro, passamos as marchas, piscamos o farol, olhamos pelo retrovisor central, conferimos os retrovisores laterais, mudamos a estação de rádio, acionamos o limpador de para-brisas, mantemos distância dos outros carros, ficamos de olho no ciclista à frente, trocamos de pista, registramos os avisos das placas de trânsito, reagimos ao sinal luminoso, conversamos com quem está ao nosso lado – às vezes até falamos ao celular. Ou seja, como motoristas, somos perfeitamente capazes de manter o foco na atividade principal e processar um enorme conjunto de informações secundárias. Por que, como jornalistas, não podemos fazer o mesmo?

Informação factual e *background information*

A essência do que vai para as páginas do jornal ou é divulgado no rádio e na televisão é a informação factual: a notícia. Por exemplo: "O Senado aprovou por 63 votos a 5 e 2 abstenções a emenda constitucional da reforma do Judiciário. Como o texto já havia sido aprovado antes pela Câmara, será promulgado nos próximos dias em sessão solene do Congresso, entrando em vigor em seguida".

Mas, para tratar corretamente o fato, o repórter não pode se contentar com o factual. Precisa entender também o contexto em que se deu o fato. Para isso, tem de acumular aquilo que, no jargão profissional, chama-se de *background information* – ou "informação de fundo". Trata-se de um nível de informação que não entra necessariamente na notícia, mas permite ao profissional entender o alcance e a limitação do fato que é notícia e, em alguns casos, captar seus possíveis desdobramentos.

No caso da reforma do Judiciário, um repórter com *background information* certamente não se limitaria a registrar o feijão com arroz da votação no Senado. Saberia que a emenda estava tramitando no Congresso havia 12 anos; que um dos seus principais aspectos, o controle externo, sofreu feroz resistência do Poder Judiciário; que outra novidade, a súmula vinculante, foi fortemente bombardeada pelos juízes de primeira instância mas recebeu o apoio dos tribunais superiores; que especialistas avaliam que a reforma, por mais importante que seja, ainda é tímida e necessita ser completada; que o Ministério da Justiça já está trabalhando em um conjunto de projetos de leis que dará sequência à reforma; que associações de juízes pretendem recorrer ao Supremo Tribunal Federal, arguindo a inconstitucionalidade da reforma; e que, provavelmente, não serão bem-sucedidos, pois há no STF uma maioria favorável às mudanças.

Mesmo que não tenha espaço ou tempo para dar todas essas informações ao leitor, ou ouvinte ou telespectador, o repórter com esse grau de conhecimento fará uma matéria melhor do que aquele que caiu de paraquedas no assunto. Estará mais seguro para selecionar e editar os acontecimentos do dia, retendo o que é significativo e descartando as abobrinhas, e ouvindo quem deve ser ouvido e não quem apenas está disponível ou quer aparecer.

A boa cobertura política se faz com uma adequada combinação de informação factual e *background information*. Sem informação factual, o trabalho do repórter se esteriliza. Tende a girar em seco, afogando-se em um mar de teses, possibilidades e interpretações que se anulam mutuamente e não levam a lugar nenhum. O fato é a prova dos nove da cobertura. Mas sem *background information*, o trabalho do repórter é raso. Fica no óbvio, não ganha profundidade e é incapaz de levantar pistas sobre o amanhã. Assim, o negócio é andar com as duas pernas: correr atrás da notícia e mergulhar no que existe em torno (e por trás) da notícia.

Para mim, como comentarista político, background information *é fundamental. Espera-se que eu seja capaz de separar o joio do trigo, o balão de ensaio da decisão para valer, a declaração oca do anúncio importante, o jogo de cena da tomada de posição – em suma, espera-se que eu seja capaz de distinguir o que parece ser do que efetivamente é. Por isso, procuro conversar regularmente com algumas fontes que não apenas são extremamente bem informadas, mas também estão acostumadas a analisar situações confusas. Não são muitas, talvez umas quinze ou vinte, com quem converso uma vez por mês, às vezes mais, às vezes menos: gente do governo e da oposição, ministros e governadores, deputados e senadores, economistas do mercado e membros da academia, técnicos e especialistas. E jornalistas experientes, é claro, porque alguns deles são ótimos decifradores de códigos e almas, e excelentes farejadores de tendências (mais à frente, volto a esse ponto: jornalistas conversam entre si muito mais do que se imagina, embora não gostem de admitir isso).*

Com esse time de fontes, converso, apenas converso. Não fico fazendo perguntas ou tentando arrancar declarações. É uma troca de figurinhas, de análises, de percepções, de intuições – às vezes, há até troca de informações factuais, mas esse aspecto não é o mais importante. O que quero alcançar, e meus interlocutores também, é algo mais intangível: para onde sopra o vento? Por que fulano está com os nervos à flor da pele? Há alguma chance de determinada manobra prosperar? O governo quer evitar essa CPI porque tem gato na tuba ou por razões políticas? Sicrano está atirando no que está à vista ou está mirando em outro alvo? Quem beltrano consulta na hora de tomar decisões ou qual é seu estilo de administrar conflitos? A economia está se mexendo mesmo ou é fogo de palha? Como está o clima no Exército, no Banco Central, na Receita Federal ou no Itamaraty?

Geralmente, não saio de cada uma dessas conversas com respostas acabadas, mas, em seu conjunto, elas me ajudam a formar (e a reformar) minha percepção de como anda o movimento das placas tectônicas nas profundezas da política e da economia. O interessante é que, muitas vezes, recolho nesses papos o que não fui buscar: informações factuais importantíssimas, que talvez não obtivesse em uma entrevista. Relaxadas, as pessoas falam mais do que quando estão com a guarda fechada.

ENTENDER OS INTERESSES
QUE EXISTEM POR TRÁS DOS DISCURSOS

Todo político defende interesses – legítimos ou ilegítimos, honestos ou escusos, razoáveis ou estapafúrdios. Podem ser demandas de um estado ou região, reivindicações de uma categoria profissional ou de um setor econômico, pleitos de um segmento da opinião pública ou direitos de uma minoria. É o lado luminoso da Lua. Podem também ser acertos com empresas envolvidas em negócios com o Estado, mudanças na legislação para favorecer grupos econômicos, retribuições a financiadores de campanha ou casuísmos para beneficiar sua turma política. É o lado escuro da Lua.

O fato é que, de um jeito ou de outro, a Lua existe, mesmo quando não aparece no céu. Nunca se deve perder isso de vista. Entender os interesses existentes por trás dos discursos é fundamental na cobertura política. Primeiro, para apreender o que efetivamente está em jogo em cada conflito. Segundo, para dimensionar a margem de manobra de cada um dos atores e avaliar as possibilidades de entendimento entre eles. Terceiro, para captar o momento em que a disputa for resolvida, seja por uma vitória decisiva de um dos lados, seja mediante um acordo entre as partes. É sinal de que está na hora de virar rapidamente o disco e prestar atenção em algo mais importante.

Raramente o discurso de um político coincide exatamente com os interesses que ele defende. O discurso sempre é mais amplo, mais abrangente e mais plural do que os interesses em jogo, sempre busca a solidariedade de um público bem maior do que aquele que se beneficiará com a proposta. Digamos que o Sindicato dos Metalúrgicos do ABC e a Fiesp estejam interessados em atrair o governo para a assinatura de um pacto do setor automotivo, com a suspensão temporária da cobrança de certos impostos. Que discurso farão para que a sociedade e o governo concordem com a renúncia fiscal? O sindicato dirá que está interessado apenas na manutenção dos empregos de seus filiados? A indústria admitirá que deseja tão só manter sua rentabilidade ameaçada pela queda nas vendas? Claro que não. Como precisam ampliar a adesão na sociedade à decisão do governo de abrir mão do IPI ou da Cofins, sindicatos e Fiesp evitarão a argumentação meramente setorial. Tratarão de "embrulhar" suas demandas em um discurso de interesse geral: o acordo permitiria a retomada do crescimento econômico, dinamizando por tabela outros segmentos, como a indústria de autopeças, a metalurgia, o comércio, os transportes etc., o que implicaria um aumento da arrecadação do Estado por outras vias, compensando a perda advinda da renúncia fiscal. Ou seja, o acordo seria bom para todo mundo, e não apenas para seus verdadeiros beneficiários: montadoras e operários da indústria automobilística.

Não há nada de errado no uso de um vistoso papel de embrulho. Faz parte do jogo. Cabe ao repórter não se deixar levar pela aparência. Fique atento à mercadoria dentro do pacote.

> *Durante mais de um ano, de meados de 2000 até o final de 2001, Antônio Carlos Magalhães e Jáder Barbalho protagonizaram uma das brigas mais feias a que o Congresso já assistiu. ACM dizia que Jáder era um ladrão. Preocupado com o bom nome do Senado, não poderia aceitar que o senador paraense viesse a sucedê-lo na Presidência da Casa. Jáder respondia que ACM não passava de um coronelão. Queria tutelar o Senado com a mesma truculência com que comandava a Bahia havia décadas. Não se deixaria intimidar.*
>
> *Os dois discursos provavelmente sintetizavam um pouco a opinião dos autores sobre seus adversários, mas, no fundamental, não passavam de papel de embrulho para disfarçar os interesses envolvidos na feroz disputa que se travava nos bastidores da coalizão governista, comandada pelo PSDB do então presidente Fernando Henrique, entre o PFL de ACM e o PMDB de Jáder. O processo de privatização, ao reduzir o tamanho do Estado e o espaço para a política de clientela a que os dois partidos estavam acostumados, havia deflagrado uma luta de vida ou morte entre eles. Se o PFL mantivesse a Presidência do Senado ou lograsse colocar nela um peemedebista confiável a seus propósitos, se afirmaria como o principal parceiro do PSDB no governo e nas eleições de 2002. Já se o PMDB escanteasse o PFL do comando do Senado, passaria a ser o principal interlocutor dos tucanos e se credenciaria para um papel de destaque na corrida presidencial.*
>
> *Mas aos dois caciques não convinha dizer isso às claras. Para ACM, o melhor era se apresentar como o campeão da luta contra a corrupção. Para Jáder, o mais conveniente era se enrolar na bandeira da luta contra o autoritarismo. O interessante é que a opinião pública enxergou longe no meio da neblina. Não acreditou em nenhum dos dois senadores do jeito que eles queriam e acreditou em ambos do jeito que não queriam. O embate, como se sabe, terminou com um duplo nocaute. Mas essa já é outra história. Daqui a pouco, chegaremos lá.*

Dizia Guimarães Rosa que a palavra esconde mais do que revela. Estava certo. No caso da política, certíssimo. De modo geral, o político fala para tirar do foco algo que lhe é incômodo e para lançar luz sobre algo que lhe é favorável. Por isso mesmo, não dê muita importância ao declaratório. Raramente é o mais importante na matéria.

> *Mas há exceções. A entrevista de Pedro Collor, irmão do então presidente da República, Fernando Collor, ao repórter Luís Costa Pinto, da revista* Veja, *em maio de 1992, é um exemplo disso. Pedro disse com todas as letras o que boa parte de Brasília já sabia, mas não tinha como provar: "O* PC *é o testa de ferro do Fernando". Ou seja, o vastíssimo esquema de corrupção existente no governo federal, formalmente comandando por Paulo César Farias, respondia, na verdade, ao próprio presidente da República. Segundo Pedro, PC ficava com 30% do dinheiro arrecadado; Collor com os outros 70%. Na esteira das denúncias, o Congresso instalou uma Comissão Parlamentar de Inquérito para investigar os negócios escusos de* PC. *A* CPI *acabou chegando a Collor, confirmando as suspeitas de que o presidente era mais do que um guarda-chuva político de* PC. *Era seu sócio — e sócio majoritário.*
>
> *Outro exemplo de entrevista que marcou época: a de José Américo de Almeida, concedida a Carlos Lacerda e publicada no* Correio da Manhã, *em fevereiro de 1945. Ministro do Tribunal de Contas, ex-candidato a presidente da República nas eleições abortadas de 1937, ex-ministro da Viação e um importante nome da Revolução de 30, José Américo criticou frontalmente na entrevista o Estado Novo e pediu a convocação de eleições, às quais Getúlio Vargas não poderia concorrer. A entrevista teve enorme repercussão, não apenas por seu conteúdo, mas principalmente por não ter sido submetida à censura prévia das autoridades. Na prática, ela acabou com a tesoura. Nos dias seguintes, jornais de todo o país passaram a publicar matérias, reportagens e artigos contra o regime, sem dar bola para os censores, que, diante da desobediência generalizada, deixaram as redações.*

Mas, apesar das exceções – geralmente declarações que condensam e dão peso a viradas na situação –, frases, afirmações e discursos não são o mais importante da cobertura jornalística. E não podem jamais substituir a apuração dos fatos. Mais vale um bom bastidor do que aconteceu em uma reunião fechada do que uma declaração formal do porta-voz fora dela.

ENTENDER A PERSONALIDADE DOS PRINCIPAIS POLÍTICOS

Quem cobre política tem de gostar de política. Não basta saber que ela é importante para o país e mexe com a vida das pessoas, inclusive daquelas que acham que política é um nojo. O repórter precisa ter prazer em cobrir a área, ler sobre o assunto e se interessar pelo estilo e pela personalidade dos principais políticos. É claro que só um tarado ficará preocupado em conhecer detalhes sobre a carreira e o estilo das centenas de integrantes do "baixo clero", mas é indispensável entender a trajetória e os padrões de comportamento dos jogadores mais importantes em campo. Dá para quebrar o galho com uns quarenta ou cinquenta titulares, fora o pessoal do banco de reservas, que de vez em quando dá as caras em uma partida, e a turma do chinelinho, que prefere ficar discretamente no encosto, mas é mestre na arte de criar clima ruim no clube.

Conhecer o estilo de cada um deles é fundamental para avaliar corretamente o significado de seus gestos no cotidiano. É evidente que uma declaração ríspida do governador Geraldo Alckmin, que raramente eleva o tom de voz, tem um significado diferente de uma afirmação pesada do ministro Ciro Gomes, que já reconheceu ser um homem de pavio curto. Se José Sarney, tradicionalmente um conciliador, bater de frente com alguém é uma coisa; se Geddel Vieira Lima, que entra rachando em todas as divididas, fizer o mesmo, é outra. Discurso gritado e adjetivado de Heloísa Helena? Não quer dizer nada. Discurso em plenário de Delfim Netto, ainda que sussurrado? Algo grave aconteceu, pois o homem nunca sobe à tribuna. Jarbas Vasconcellos está bem-humorado? É esquisito. José Genoíno está mal-humorado? Também é. Nos dois casos, vale a pena conferir. Como José Dirceu e Antônio Palocci, que brigam tanto, sempre encontram um jeito de se recomporem depois? Como é o processo de tomada de decisões de Lula?

Além das diferenças entre a personalidade individual, pesam também os cacoetes estaduais coletivos. Há o jeito paulista, o jeito mineiro, o jeito gaúcho, o jeito baiano e o jeito pernambucano de fazer política. Houve época em que havia também o jeito carioca. Hoje não sei se ainda há.

Os paulistas são rompedores; os mineiros, habilidosos; os gaúchos, inflamados; os baianos, pirotécnicos; os pernambucanos, consistentes – nos últimos vinte anos, a bancada de Pernambuco tem sido, invariavelmente, uma das mais preparadas da Câmara. Essa mistura dá a química do Congresso (e do jogo político do país). Quem entender o papel de cada uma das partes compreenderá melhor o todo.

Tancredo Neves costumava dizer, em tom de brincadeira, que, em política, ninguém é paulista impunemente. Trombam mais do que o necessário, brigam mais do que é preciso. É verdade. O governo Lula que o diga. Mas se dois paulistas,

> *Franco Montoro e Ulysses Guimarães, não tivessem decidido trombar com a ditadura militar na campanha das diretas, a habilidade de Tancredo não teria sido o bastante para levá-lo à vitória no Colégio Eleitoral.*

São muitas as questões que, embora possam estar emolduradas por explicações mais profundas, acabam tomando rumos inesperados em virtude do comportamento e da personalidade dos principais atores. É o molho da política. Em alguns momentos, pode ser o motor.

> *Voltemos à briga entre ACM e Jáder. Já vimos as questões de fundo que impulsionaram o conflito: o PFL e o PMDB, espremidos pela redução do espaço para a política de clientela, disputavam em condições dramáticas o lugar de primeira noiva no casamento de conveniência com o PSDB. O comando do Senado era a joia da coroa no dote do contrato nupcial.*
>
> *Mas quem disse que fatores pessoais não pesaram decisivamente no aguçamento do conflito e, a partir de certo ponto, não determinaram seu desfecho? Para qualquer observador experiente, o conflito havia assumido tais proporções que não teria vencidos e vencedores. Ou os dois retiravam-se juntos do campo de batalha, em um movimento acertado e sincronizado, baixando gradativamente o tom dos ataques e buscando uma solução negociada para o problema de fundo; ou os dois iriam para o buraco juntos, como ocorreu.*
>
> *Percebendo o abismo à frente, muita gente entrou no circuito em busca de algum tipo de pactuação. Mas todas as iniciativas foram fulminadas por Jáder e por ACM. O soba baiano, depois de ter engolido em seco quando Jáder, da tribuna, cortou-lhe o aparte não concedido, com uma ríspida advertência — "Calado, caladinho aí" —, foi tomado pelo complexo de Sansão. Preferia derrubar as paredes do templo e morrer sob os escombros, mas levando Jáder com ele, a fazer qualquer gesto que pudesse ser interpretado como um reconhecimento de que havia topado com um adversário à altura. Durante a juventude em Salvador, integrara a turma do Campo da Pólvora, uma das mais temidas da cidade, e trocara murros com meio mundo. Chegara onde chegara porque nunca recusara uma boa briga. E estava velho demais para mudar. Já o caboclo paraense passou meses dizendo a mesma coisa: "Se recuar, estou desmoralizado. Posso até ser derrotado no voto, mas não tem acordo. Antônio Carlos não é mais valente do que eu. E no grito, não leva. Vou mostrar para o Senado e o Brasil que não tenho medo dele". Por algo se criara enfrentando no tapa os moleques que encontrava pela frente no bairro do Reduto, em Belém. E assim o rapazote das ladeiras de Salvador e o caboclo da beira do rio, rechaçando todas as ofertas de paz, desceram juntos ao Inferno. Cada um em seu turno. Mas essa também é uma outra história, que fica para depois.*

A graça da cobertura política é essa: você olha, está de um jeito; daqui a pouco, está de outro. Magalhães Pinto costumava comparar a política às nuvens, que mudam o tempo todo. As causas mais profundas, em princípio, são as mais importantes – empurram os atores para o palco onde representarão papéis que nem sempre escolheram e para os quais muitas vezes não estão preparados. Mas, com muita frequência, o homem ou a mulher que há nesses atores salta de supetão para fora do personagem. E aí, mesmo os mais tarimbados perdem o controle da situação. Deixam-se levar por seus fantasmas, esquecem as falas, metem um monte de cacos no texto e ateiam fogo às vestes diante do público. E seja o que Deus quiser.

> *Há pouco tempo, ligou-me um coleguinha. Brilhante, experiente, vivido. Queria informações sobre um determinado governador. Não sabia se o homem era sério ou pilantra. Justificando o desconhecimento, arrematou: "Não entendo de micropolítica como você". Até hoje não sei se estava me elogiando ou me gozando.*
>
> *Contei-lhe o pouco que sabia sobre o sujeito, ele agradeceu e cada um foi tratar da sua vida. E fiquei pensando com meus botões: "Será que a política fica menor quando é feita por pessoas de carne e osso? Será que fica maior quando lida apenas com conceitos e abstrações"? Não creio.*
>
> *Já imaginaram eleições sem candidatos e eleitores? Congresso sem parlamentares? Jornalismo sem jornalistas? Gosto de política porque gosto das pessoas e creio que, aos trancos e barrancos, elas buscam uma vida melhor. A política é imprescindível para chegarem lá.*
>
> *E, por tudo isso, quero distância dessa tal macropolítica.*

CAPTAR OS MOMENTOS DE VIRADA

A cobertura política é uma atividade curiosa. Às vezes, passamos meses a fio rodando em seco, sem sair do lugar, cobrindo o mesmo "nhenhenhén" de sempre. Parece que nada se mexe e tudo é repetição. São períodos chatíssimos, tão chatos que dá vontade de mudar de profissão ou, pelo menos, de área – uma vontade que dá e passa. Porque, de repente, não mais que de repente, algo acontece e a situação vira de pernas para o ar. O que dias antes parecia sólido desaba como um castelo de cartas, o que era improvável acontece e o que era tido como impossível surge na linha do horizonte.

Na cobertura política, é muito importante estar atento para captar esses momentos de virada. O repórter que demorar a perceber que a situação mudou seguramente será engolido pelo concorrente que sacou a mudança. Pior: não conseguirá informar o leitor, o ouvinte ou o telespectador de modo correto, porque seguirá interpretando e relacionando os fatos segundo um padrão que já ficou para trás. Dará importância ao que já não é tão relevante e não prestará a atenção devida ao que está começando a ditar o rumo dos acontecimentos.

Muitas vezes um repórter político está fazendo um excelente trabalho em um momento, mas, de repente, capota e simplesmente não consegue mais acertar a mão. Ele próprio não consegue entender o que está acontecendo. Culpa chefes e colegas ou atribui a má fase a problemas pessoais. Em geral, não é nada disso. Ele apenas não captou a virada na situação política e continua aferrado a uma linha de raciocínio que já deveria ter aposentado. Hora de cantar "Como nossos pais", de Belchior – "É você que ama o passado e que não vê que o novo sempre vem" –, e virar o disco.

Muitas vezes, os momentos de virada são óbvios: o anúncio do Plano Real e a eleição de Lula estão nessa categoria. Mas há outros que não são tão evidentes assim.

Vamos, agora, ao último capítulo da briga "ACM versus Jáder". O senador pelo Pará acabou sendo eleito presidente do Senado apesar da feroz oposição do PFL. Meses depois, começaram a pipocar denúncias de que Antônio Carlos, quando ainda era presidente do Senado, havia participado de uma operação para quebrar o sigilo do painel eletrônico em uma votação secreta. A situação complicou-se, mas ainda estava sob relativo controle até que, em uma bela manhã de abril, a bomba estourou. A ex-diretora do Centro de Processamento de Dados do Senado, o Prodasen, não aguentando a pressão, confessou que havia participado da operação a pedido do ex-presidente do Senado, Antônio Carlos Magalhães.

Soube da notícia em casa. Enquanto vestia um terno para ir ao Congresso, liguei a Globonews, que entrou ao vivo com as primeiras reações à novidade. E pensei comigo: "Fim da linha para ACM". Era um momento de virada. Por mais importante e poderoso que fosse, por mais amigos que tivesse, ACM estava na marca do pênalti. A cassação de seu mandato era uma questão de tempo. E foi o que aconteceu: Antônio Carlos resistiu o quanto pôde, mas dois meses depois jogou a toalha. Diante da cassação iminente, renunciou ao mandato. Assim, ao menos, poderia concorrer às eleições seguintes.

Lembro-me de que nesse dia encontrei no plenário do Senado uma das melhores repórteres políticas do país. O clima era de estupor pela defenestração de um dos mais poderosos caciques da vida política brasileira. Olhando para a frente, comentei com ela:

– Agora o Jáder é a bola da vez.

A coleguinha matou no peito e mandou para as redes:

– Vai perder o mandato nem que seja por soltar um pum no elevador.

A imagem não é das mais elegantes – por isso conto o milagre sem entregar a santa –, mas sintetizava com perfeição o novo momento de virada da situação. A partir daquele instante, Jáder desceria ladeira abaixo, seguindo a trilha aberta por ACM. Não resistiria à enxurrada de denúncias sobre os desvios de verbas públicas na Sudam. Três meses depois, tentando manter o barco flutuando, largou o lastro, renunciando à Presidência do Senado. Foi inútil, a pressão continuou crescendo. Trinta dias mais tarde, entregou os pontos. Renunciou ao mandato e foi para casa.

O duelo de titãs havia chegado ao final. Os dois estavam fora de combate. Não havia vencedores, só vencidos.

O BOATO PRECISA SER VEROSSÍMIL; A VERDADE, NEM TANTO

No garimpo da informação, nem tudo que reluz é ouro. E o que reluz demais, muitas vezes, é ouro de tolo.

Ou ferro sob ouro, como no poema de Carlos Drummond de Andrade: "É ferriouro: jacutinga. / A perfeita conjugação. / Raspa-se o ouro: ferro triste / Na cansada mineração".

Na luta política, os atores sempre tentam apresentar os fatos pelo ângulo que lhes é mais favorável e se esforçam para tirar o foco dos aspectos que lhes são mais desconfortáveis. "O que é bom a gente mostra, o que é ruim a gente esconde", resumiu Rubens Ricupero, ministro da Fazenda do governo Itamar Franco. O comentário descontraído, que era para ficar entre quatro paredes, ganhou o mundo graças à indiscrição de uma antena parabólica. E derrubou-o do cargo, porque, na política, certas coisas nunca podem ser ditas com todas as letras. A frase, porém, só escandalizou quem não está acostumado a lidar com a guerra entre a informação e a contrainformação travada diariamente nos bastidores do poder. Nessa guerra, vale tudo: a verdade e a meia verdade, a inverdade e a quase verdade, a mentira piedosa e a mentira deslavada, a calúnia e a intriga, a adulação e a propaganda, a ficção política e o conto da carochinha. Inventa-se qualquer coisa para promover ou derrubar alguém, esvaziar ou vitaminar carreiras, limpar a área ou congestionar o meio-campo. Por isso mesmo, só garimpa bem a informação o repórter que consegue se desvencilhar da contrainformação. Só vê a pepita quem aprende a se livrar do cascalho.

Não há fórmula mágica que nos torne imunes à contrainformação. O melhor antídoto continua sendo reunir muita informação. Vale o que já foi dito antes: converse com bastante gente, entenda os interesses em jogo, conheça a personalidade do primeiro time, capte os momentos de virada. Mas vale também o que será dito agora: fique de orelhas em pé diante de tudo que for certinho demais, se encaixar bem demais, fizer sentido demais. Lembre-se de que a verdade não precisa ser verossímil. Apresenta contradições e incongruências. Já o boato, a mentira, a armação, como têm de convencer a plateia, não podem suscitar dúvidas. Vêm embalados para presente. Caso contrário, não ficam de pé e não ganham asas.

Nada acontece exatamente como você fica sabendo. Ninguém lhe conta exatamente o que aconteceu. Sempre douram a pílula ou carregam nas tintas. Assim, por melhor que tenha sido sua apuração, em geral há um ou outro ponto que ficou obscuro, fatos importantes que não vieram à tona ou episódios que não puderam ser levantados a tempo. Ou seja, na história verdadeira é comum que falte ou sobre alguma coisa e que não se consiga encaixar todas as peças no quebra-cabeça até a hora do fechamento da matéria. Portanto, desconfie de tudo que surgir na sua frente pronto e acabado – e a tempo de entrar na próxima edição. A vida não costuma ser tão fácil assim.

LER JORNAIS

Jornalista começa o dia lendo jornal. Lendo muitos jornais. No mínimo, aquele em que escreve e o concorrente mais direto. Se você é jornalista e não tem esse hábito, cuidado, porque seu chefe tem. Já, já, o telefone pode tocar e, do outro lado da linha, ele estará cobrando por que sua matéria não teve uma informação que está nas páginas do concorrente. Pior do que levar um banho é levar e só saber que levou quando vem a cobrança do chefe. Dá a impressão de que você vive no mundo da lua. E repórter que vive no mundo da lua logo estará no olho da rua.

Nossa profissão é, talvez, mais movida pela competição do que qualquer outra. A Volkswagen, a Fiat, a Ford e a General Motors, por exemplo, lançam, se muito, um modelo novo de carro por ano. Na pior das hipóteses, as comparações entre elas são diluídas ao longo de 365 dias. Conosco é diferente. Todo dia nosso trabalho é comparado com o dos colegas. Todo santo dia, a edição de política do jornal em que trabalhamos é confrontada com a dos concorrentes. Alguém sempre ganha, alguém sempre perde.

> *Em princípio, não há empate. Aos olhos do aquário, pelo menos de um bom aquário, aquele que zela furiosamente pela qualidade da informação que entrega ao leitor, empatar é quase a mesma coisa que perder. Digamos que é um campeonato com regras estranhas: vitória vale um ponto; derrota, menos dois; empate, menos um. Não é fácil sair do vermelho, mesmo fazendo de vez em quando uma cesta de três pontos.*

Mas ler jornal não é importante apenas para ter uma resposta para o chefe no caso de cobrança. Os jornais continuam sendo os melhores veículos de informação do mundo, e os jornalistas precisam estar bem informados para fazer seu trabalho. Você pode achar que já sabe tudo o que aconteceu na véspera em sua área de cobertura, mas não sabe. Sempre há em outros jornais informações que você não garimpou.

Além disso, uma coisa é a matéria que saiu das suas mãos; outra é a que foi publicada. Nas fábricas de salsichas em que se transformaram as redações dos grandes jornais, acontece o diabo entre o momento que a matéria é enviada para o editor e a hora em que as máquinas começam a rodar a edição do dia seguinte. Por isso mesmo, não deixe de ver se a matéria saiu com as informações básicas do texto original, se foi bem titulada, se saiu no alto ou no pé da página, se foi valorizada com uma foto ou ilustração – se foi bem editada, enfim. E compare a edição com a do concorrente. Pode lhe dar bons argumentos no caso de uma cobrança indevida do chefe. Chefes também erram e, com todo o respeito, você pode fazer do limão uma limonada.

Mas digamos que você esteja acostumado a ter suas matérias bem editadas. Mesmo assim, comece o dia lendo jornal. Primeiro, porque terá o prazer de saborear sua pequena vitória diária sobre a concorrência. Dentro de determinados limites, é uma sensação que só faz bem. Segundo, porque provavelmente encontrará nas colunas visões abrangentes, sistemáticas e, às vezes, originais sobre o que está acontecendo. Terceiro, porque é bom estar bem informado também sobre o que não se cobre. No caso, economia, cidade, cultura, internacional, esportes, entretenimento etc. Quem só pensa em política não pensa bem a política. E acaba virando um chato. Depois não reclame se ninguém convidá-lo para tomar um chope.

Vivemos a época da notícia em tempo real. Hoje em dia, a televisão, o rádio e a internet noticiam os fatos em geral muito antes dos jornais impressos. Em todo o mundo, as pessoas informam-se hoje basicamente pela TV. Os jornais, cada vez mais, funcionam como âncoras do noticiário: organizam, sistematizam, explicam e contextualizam a notícia bruta, a informação factual que já chegou ao conhecimento do cidadão pelos meios eletrônicos. Portanto, vale a pena acompanhar os principais noticiários de televisão, dar uma sapeada na internet e, de vez em quando, ligar o rádio no carro. Tudo isso pode ajudá-lo a fazer uma correção de rumo na sua cobertura a tempo de o Titanic evitar a colisão com o iceberg encoberto na neblina. Ninguém está livre de um naufrágio. Nem o transatlântico mais seguro de sua época.

> *Acordo cedo porque às oito horas já estou fazendo um comentário para a CBN. Geralmente, estou de pé entre seis e sete. Dou uma olhada nas edições eletrônicas de* O Globo, *da* Folha de S.Paulo *e de* O Estado de S. Paulo, *para conferir se há algo importante que não fiquei sabendo e para tomar a temperatura dos jornalões, assisto ao "Bom Dia, Brasil" e, depois do café, passo pelo menos uma hora lendo os jornais impressos. Adoro ler jornal. Jornalista que não gosta de ler jornal não tem tesão pela profissão.*

O espantoso é que muitos jornalistas não leem jornal ou leem pouco, apenas o suficiente para sair pedalando por aí. Para mim, é um mistério como conseguem manter-se na ativa. Primeiro, porque é evidente que a desinformação afeta o desempenho profissional do sujeito. Segundo, porque é sinal de que o cara está embrulhando e mandando. E nessa profissão só resiste quem gosta muito do que faz.

Trabalhando em equipe

No imaginário da nossa categoria, o grande jornalista é um lobo solitário, que caça sozinho e não depende de ninguém. Mas, da mesma forma que as redações dos grandes jornais mudaram, o perfil do jornalista também passou por notáveis transformações. O lobo solitário hoje é uma espécie em extinção. Cada vez mais somos treinados para trabalhar em equipe – aliás, como fazem os lobos, salvo nos livros de Jack London.

Leia os jornais: a maioria das matérias é assinada por mais de uma pessoa. Às vezes, as assinaturas são tantas que o crédito parece uma lista telefônica. Veja as reportagens na TV: está bem, apenas o repórter lhe foi apresentado, mas as imagens são de um cinegrafista que não apareceu no vídeo e boa parte do trabalho de retaguarda foi feito por um editor de texto, por um editor de imagem e por um produtor que tampouco deram as caras diante do distinto público. Não importam as aparências. Cada vez mais, a atividade jornalística é coletiva.

Ao menos nas grandes coberturas, ninguém mais trabalha sozinho. O PMDB, pela enésima vez, está ameaçando romper com o governo? Um repórter será destacado para acompanhar a reunião da executiva do partido. Outro receberá a tarefa de apurar como o Palácio do Planalto está mexendo os pauzinhos nos bastidores para evitar o desembarque. Um terceiro recolherá informações sobre o impacto da crise nas votações da Câmara e do Senado, e assim por diante. Enquanto isso, na redação, alguém estará pilotando o trabalho conjunto e, muitas vezes, fechará o texto final. Onde está o lobo solitário?

Está fazendo hora extra. Antes ou depois da jornada de trabalho, ou no meio dela, ele sai para caçar sozinho. Fareja pistas, tira fontes da toca, segue rastros. Quando se reunir à matilha, será o primeiro e o mais determinado na hora do ataque. Não tenha dúvida: mesmo na época atual, a iniciativa individual continua fazendo a diferença. Quem é bom não desaparece no trabalho coletivo. Ao contrário, se sobressai.

> *Esqueçam o que eu disse antes: os lobos solitários não são uma espécie em extinção. Apenas se adaptaram aos novos tempos e aprenderam a caçar também em equipe. Resultado: tornaram-se mais perigosos. No fundo, Jack London tinha razão.*
>
> *Você não sabe quem é Jack London? Devia saber, mencionei-o quatro parágrafos atrás. Por que não cedeu à curiosidade do bom repórter e foi apurar quem ele é?*
>
> *Ah, já sabia quem é Jack London? Pelo visto, andou fazendo hora extra. Talvez você venha a ser um lobo solitário.*

CONVERSE COM OS COLEGUINHAS

Jornalista conversa muito com jornalista, mais do que gostamos de admitir, do que os leitores imaginam e do que os manuais de redação autorizam. Há dois tipos de contatos imediatos de terceiro grau entre nós: um, saudável; o outro, lamentável.

O lamentável é o *pool*. Jornalistas de diferentes jornais, em princípio, competem entre si. Mas, às vezes, há quem faça o contrário, troque informações e – pior – combine a embocadura da matéria. Não é uma prática muito comum, mas infelizmente ocorre.

É claro que não há problema na troca de informações de domínio público, ao alcance de qualquer um. No comitê de imprensa da Câmara ou do Senado, são comuns perguntas inofensivas, como: "A que horas vai ser mesmo a reunião da bancada do PT amanhã para escolher o líder?" Ou: "Alguém se lembra de quantas abstenções houve na votação da MP do Meirelles?" Não há mal nenhum em fazer esse tipo de pergunta ou em ajudar o colega nessas circunstâncias. O grave é quando são trocadas informações exclusivas.

Mais grave ainda é quando ocorre o pacto da mediocridade, em geral nos momentos de grande confusão política ou de virada na situação. O repórter não sabe bem para que lado deve atirar, vê que o colega ao lado também está na dúvida, os dois detectam que há um terceiro vivendo o mesmo drama, e pronto: como quem não quer nada, entram em um acordo formal ou informal, e todos passam a atirar na mesma direção. No dia seguinte, quando se abre os jornais, eles estão iguaizinhos.

Ninguém é obrigado a captar os momentos de virada ou a enxergar claro no meio de situações confusas. Nesse caso, deve-se admitir a insegurança em vez de varrê-la para debaixo do tapete, misturando-a com a dos demais. O melhor é dividir a dúvida com o chefe ou com os colegas mais experientes do mesmo jornal, enquanto há tempo para lançar luz sobre o problema. Se mesmo assim for impossível esclarecer a questão, talvez seja porque a situação esteja muito confusa mesmo e necessite de um tempo para decantar. Por que não transmitir de alguma forma essa percepção para o leitor, o ouvinte ou o telespectador? Em determinadas circunstâncias, a dúvida genuína é parte da informação. A falsa certeza, jamais. No mínimo, ela é uma contrainformação.

> *Em termos estritamente pragmáticos, o pool é uma burrice. É uma aposta no empate. Lembra-se do sistema de contagem de pontos de um bom aquário? Empate vale menos um ponto. Ou seja, empatando, você sempre cai na tabela do campeonato. Cuidado com o rebaixamento.*

Mas há conversas entre jornalistas que são muito saudáveis, ainda que entre profissionais de órgãos de comunicação diferentes. São aquelas que versam sobre assuntos que não têm a ver diretamente com a matéria do dia. Estão concentradas em *background information*: visões sobre a evolução de determinado problema, avaliações gerais da situação, análises do comportamento desse ou daquele político, discussões sobre o que é fogo de palha ou princípio de incêndio, casos do folclore político etc. Nessas conversas, mais do que o fato do dia, a moeda é a reflexão, a interpretação. Se o *pool* é um pacto de mediocridade, a troca de informação de fundo entre colegas é o contrário: um jogo refinado em que, geralmente, todos saem ganhando. Mais importante: o leitor também.

> *Troco figurinhas com um bom número de jornalistas. Com alguns, converso diariamente: os que trabalham no mesmo lugar que eu ou aqueles cuja avaliação aprendi a considerar. Prefiro conversar com os repórteres e os chefes que se mantêm repórteres; uns porque estão na rua, outros porque continuam antenados com ela. Não querem defender teses, mas produzir a melhor informação possível ao final do dia.*

FORME SUA PRÓPRIA OPINIÃO

Quando o repórter iniciante põe o pé no jornal, uma das primeiras coisas que aprende é a deixar a opinião do lado de fora da redação. Ouve frases como "Jornalista não tem opinião, quem tem opinião é o dono do jornal". Ou "Jornalista tem de ser isento, não precisa ter opinião, deve ouvir a opinião dos outros". Essas máximas têm sua razão de ser. Há poucas coisas tão irritantes quanto jovens repórteres vazios de informações e cheios de teorias.

Apesar disso, penso exatamente o contrário do que pregam tais máximas: o jornalista tem de formar opinião sobre os assuntos que cobre. Ela não deve entrar no texto – a menos que ele seja um colunista, é claro –, mas é indispensável para filtrar, organizar e hierarquizar as informações recolhidas. Repórter que não tem opinião não consegue sequer apurar direito a matéria.

Ter opinião não significa ser parcial ou escrever sem objetividade. Significa formar o próprio juízo sobre os fatos, entender sua importância (ou falta de importância) para a sociedade, avaliar seu impacto sobre a vida das pessoas, perceber os interesses que estão em jogo e esforçar-se para informar sobre a essência dos conflitos, e não sobre sua aparência.

Durante todo o ano de 2004, o Congresso esteve às voltas com um dos maiores "nhenhenhéns" dos últimos tempos: a votação da emenda que permitiria a reeleição das mesas da Câmara e do Senado na mesma legislatura. Para seus principais beneficiários, o deputado João Paulo e o senador José Sarney, a novidade seria um aperfeiçoamento das instituições republicanas. Por que o presidente da República pode ser reeleito e os presidentes das duas casas do Congresso não?

Na verdade, tratava-se de um casuísmo. Os dois parlamentares desejavam manter-se no comando do Legislativo por mais dois anos e setores do Palácio do Planalto não queriam mexer no time que julgavam estar ganhando. Nada contra a tese, desde que a novidade só começasse a valer depois da próxima eleição das mesas. Para o país, entretanto, o tal aperfeiçoamento das instituições republicanas não era tão importante assim. Podia perfeitamente esperar mais um pouco. Além disso, a proposta feria ambições de outros caciques políticos. Tendia, portanto, a desestabilizar a base governista.

O repórter não precisava ficar dizendo isso em suas matérias. Mas só formando uma opinião clara sobre o assunto poderia cobri-lo adequadamente. Caso contrário, ficaria registrando abobrinhas e colhendo declarações ocas, fechando os olhos para os problemas reais que a insistência na emenda da reeleição provocaria – entre eles, a paralisia do Congresso durante um bom tempo.

É claro que há o risco de o repórter não ser isento porque tem opinião, mas isso é algo que pode ser resolvido com a autocrítica do profissional e a vigilância dos chefes. Por outro lado, quem disse que repórter sem opinião é isento? Uma coisa não tem nada a ver com a outra. Em compensação, a cobertura feita por um repórter que não pensa será sempre medíocre, sem ponto de partida e sem rumo.

A isenção é como a felicidade. Em termos absolutos e permanentes, é inalcançável, mas nem por isso deixamos de correr atrás dela. "Dizem que no Brasil há um homem feliz", suspirou Maiakóvski em um de seus poemas. Se o poeta fosse brasileiro, provavelmente teria posto o felizardo na Rússia. A felicidade e a isenção estão onde nunca poremos os pés. Mas por que parar de caminhar se a caminhada nos faz bem e nos torna pessoas melhores?

CONTEXTUALIZE A NOTÍCIA

Se há algo que irrita muito os políticos é ver suas declarações ganharem uma repercussão diferente da que imaginavam. Quando isso ocorre, invariavelmente, eles põem a culpa nos jornalistas: "A imprensa retirou a frase do contexto". Ou seja, os jornais teriam atribuído um sentido à declaração que ela não tinha originalmente, porque não esclareceram as condições em que ela foi dada.

É verdade que, aqui e ali, ocorrem exageros, mas, de cada dez reclamações dessa natureza, nove não procedem. A imprensa em geral não retira as declarações do contexto, apenas divulga-as em um contexto mais amplo, o da sociedade. O problema é que seu impacto aí, às vezes, é diametralmente oposto ao que provocou no ambiente original. Entre quatro paredes, há expressões ou declarações que causam o maior sucesso. Quando alcançam a rua, mostram-se um desastre. O grande público nem sempre reage igual ao chamado público interno.

Como não somos assessores de políticos para ficar depurando seus discursos, se o sujeito pisou em uma casca de banana que ele mesmo jogou no chão, é problema dele. Não nos cabe corrigir suas besteiras ou esconder suas derrapadas. Nossa função é informar a sociedade.

> *Fernando Henrique nunca perdoou a imprensa pelo episódio em que ele chamou de "vagabundo" quem se aposentava aos cinquenta e poucos anos de idade. Mas ele disse exatamente o que a imprensa reproduziu. O problema é que, no ambiente fechado em que ele estava, um encontro de empresários, as críticas às aposentadorias precoces foram recebidas entusiasticamente, em um crescendo de palmas. FH empolgou-se, meteu-se em uma escalada verbal e acabou passando do ponto. No dia seguinte, a frase estava nos jornais. O presidente passou anos explicando-se.*
>
> *Na campanha de 2002, Lula deu várias derrapadas semelhantes. Declarações que causavam furor em seu público interno, quando alcançavam o grande público produziam intenso desgaste. Em um encontro contra a fome, falando basicamente para petistas e militantes sociais, Lula prometeu que, quando fosse presidente, o país não exportaria alimentos enquanto houvesse um brasileiro sem três refeições por dia. A plateia delirou. No dia seguinte, o mundo veio abaixo. Será que Lula pretendia suspender as exportações brasileiras de soja, milho, frango e carne? Melhor sair de fininho e pôr a culpa na imprensa.*
>
> *Por isso mesmo, fique de olho em discurso de político para público interno. As maiores besteiras eles dizem quando se sentem em casa, com a plateia a favor.*

MAS CUIDADO COM O CONOTATIVO

Você não sabe o que é o conotativo? Eu também não sabia até uns dez anos atrás. Quando aprendi, aprendi muito sobre jornalismo.

> *Em 1995, como diretor da sucursal de* O Globo *em Brasília, fui convidado pelo chefe de Comunicação Social da Marinha para um almoço. Na hora H, não pude ir e pedi ao repórter Rodrigo Taves que me representasse. Quando ele voltou, perguntei como tinha sido a conversa.*
>
> *— Foi tudo bem. É um cara simpático, inteligente. O problema dele é com o conotativo.*
>
> *— Conotativo?*
>
> *— É quando o jornal dá uma conotação ao que ele falou que ele não deu. O repórter, por exemplo, pergunta se a Marinha está desenvolvendo um programa nuclear para a propulsão de submarinos. Ele diz que sim e explica como é o programa. No dia seguinte, lê no jornal: "O chefe da Comunicação Social da Marinha admitiu ontem que...". O verbo admitir dá a impressão de que ele estava escondendo alguma coisa e foi flagrado pelo repórter.*
>
> *E Rodrigo deu vários outros exemplos citados pelo oficial.*
>
> *Fiquei matutando depois. O militar tinha toda razão. O conotativo é fogo mesmo. Jogando com a nuance, o jornalista pode escrever uma matéria factualmente correta mas em essência errada, aparentemente isenta, mas no fundamental tendenciosa.*
>
> *O diabo mora nos detalhes. Nos jornais, muitas vezes, mora no conotativo.*

Usado com ética e talento, no entanto, o conotativo é de uma eficácia extraordinária. Diz quase tudo com quase nada. É elegante e profundo. Ilumina sem ofuscar.

> *Quando Carlos Lacerda morreu, Elio Gaspari abriu assim o necrológio daquele que fora o mais brilhante líder da direita brasileira durante décadas: "Carlos, como Marx, Frederico, como Engels, Werneck de Lacerda morreu ontem...". Com apenas nove palavras e uma sutil sugestão, deu ao leitor a dimensão dos conflitos internos, políticos e familiares do homem que se ia.*

Mas são poucos os jornalistas que dominam essa arma o suficiente para manejá-la com segurança e competência. Na maioria dos casos, o conotativo é fruto de um disparo acidental. O repórter, por não perceber as nuances, recorre a palavras próximas daquela que pretende usar, mas com significado diferente. Por isso mesmo, cuidado com a firula. Seu texto pode se tornar ridículo. Não dispare telefonemas – o aparelho pode parar de funcionar. Não regue jantares com vinho – a mesa ficará uma lambança.

Pior: sem querer, o pistoleiro estrábico poderá acertar inocentes com balas perdidas. Quantos verbos próximos do verbo dizer você conhece? Aí vão alguns: afirmar, admitir, aludir, anunciar, argumentar, aduzir, advertir, admoestar, apreciar, avançar, avaliar, aventar, blasfemar, balbuciar, berrar, caluniar, confirmar, contar, comunicar, citar, contraditar, concluir, continuar, completar, criticar, conferir, censurar, denunciar, declarar, decidir, descrever, determinar, devolver, duvidar, explicar, esclarecer, elucubrar, elucidar, elogiar, emendar, enunciar, enfatizar, evocar, explodir, falar, fantasiar, fulminar, gaguejar, gritar, grunhir, insinuar, insistir, interpretar, interpelar, introduzir, interrogar, iniciar, implicar, ironizar, lamentar, louvar, manifestar, mentir, negar, observar, objetar, opor, pronunciar, propor, perguntar, prever, polemizar, ponderar, pontificar, reafirmar, rebater, reconhecer, recuar, replicar, retratar, responder, redarguir, resolver, ratificar, ressaltar, relatar, retificar, retrucar, retorquir, retocar, sacramentar, salientar, sofismar, sublinhar, sugerir, transmitir, vaticinar, vislumbrar, volver, xingar, zombar. Só nessa lista, são mais de cem verbos que, em determinadas circunstâncias, podem substituir "dizer", mas não são sinônimos. Têm conotações distintas.

Por isso, na dúvida, use "dizer". É neutro. Quem não sabe manejar um revólver, deve deixá-lo fora do próprio alcance.

CONHEÇA AS REGRAS DO JOGO

Alguém pode ser um bom repórter esportivo no Brasil se não souber o que é um impedimento ou um tiro livre indireto, ou se não estiver familiarizado com o regulamento do próximo Brasileirão? Claro que não. O mesmo raciocínio vale para a política. O repórter que cobre a área tem de conhecer as regras do jogo. Não é obrigado a ser um especialista em regimento interno da Câmara e do Senado, nem um constitucionalista de mão cheia, mas precisa dominar os fundamentos do funcionamento do Congresso e ter uma noção básica da Constituição.

Por exemplo, qual a diferença entre a maioria simples, a maioria absoluta e a maioria de três quintos? Como se dá a tramitação de um projeto de lei ordinária e de uma emenda constitucional? O que é medida provisória e qual seu rito de aprovação? Em que casos há o voto secreto na Câmara e no Senado? O que é veto presidencial e como é possível derrubá-lo? O que é preciso para instalar uma Comissão Parlamentar de Inquérito? Quais as principais comissões técnicas de cada uma das casas? Quais as prerrogativas de um líder de bancada? O que são leis ordinárias e complementares?

Ou ainda: o que é uma cláusula pétrea da Constituição? Em que consiste a independência e a harmonia entre os três Poderes? Qual o papel do Supremo Tribunal Federal? Em que ele se diferencia do Superior Tribunal de Justiça? Como são nomeados os ministros do STF e do STJ? Eles podem ser afastados do cargo pelo presidente ou pelo Congresso? Com que idade se aposentam? Qual o sistema eleitoral que vigora no Brasil? O que é a Federação? Qual a diferença entre a Câmara e o Senado? Em que condições o presidente da República pode sofrer um processo de *impeachment*? Como está montado o nosso presidencialismo?

Não se assuste. Nenhum repórter que começa a cobrir política tem uma resposta na ponta da língua para todas essas perguntas. Aliás, mesmo repórteres veteranos, de vez em quando, enrolam-se em algumas delas. O importante é você saber que precisa dominar o assunto. Na dúvida, não chute; aprenda. Consulte a Constituição. Pergunte a um colega mais tarimbado – todo mundo ajuda, afinal já foi iniciante um dia. Ou recorra a um deputado ou senador experiente.

> *Antigamente a expressão "senador experiente" seria uma redundância. Todos ou quase todos eram políticos calejados, provados em muitas batalhas, escolados nos vários degraus da vida pública. Hoje em dia, há no Senado quem tenha mais dificuldade com o regimento interno da Casa do que um repórter iniciante. Explica-se: um terço dos senadores não recebeu um voto sequer dos eleitores. É suplente de alguém. Às vezes, porque é parente ou financiador da campanha do titular. Às vezes, porque pintava paredes da casa de um senador ou dividia a mesa de pôquer com outro no momento em que eles precisaram de um nome inofensivo para completar a chapa.*

Um lembrete importante: você deve entender as regras do jogo para poder acompanhá-lo bem e ser capaz de narrá-lo e explicá-lo para a turma que está em casa. Mas seu objetivo não é dissertar sobre o regimento interno, sobre as minudências do processo legislativo ou sobre as diferentes interpretações possíveis de determinado artigo da Constituição. Fuja do "politiquês", preocupe-se em destrinchar a política. Sempre que for obrigado a se referir a um "destaque para votação em separado", o popular DVS, explique que diabo é isso, porque ele não é tão popular assim fora do Congresso Nacional. Expressões como "verticalização eleitoral", "quórum qualificado", "orçamento autorizativo", "resolução terminativa", "sanção presidencial", "arguição de inconstitucionalidade" e assemelhadas não são autoexplicativas. Precisam ser esclarecidas ao distinto público.

> *Na dúvida, faça como Ricardo Noblat costumava fazer na sucursal do JB em Brasília: chame um contínuo e dê o texto para ele ler. Se ele entendeu, vá em frente; se ficou boiando, reescreva a matéria.*

ESTUDE A HISTÓRIA POLÍTICA DO BRASIL

Quem cobre política deve entender também minimamente da nossa história. É claro que não se vai pedir ao repórter que está debutando na área uma compreensão profunda sobre as razões que levaram à falência o sistema de capitanias hereditárias no Brasil, embora fosse ótimo se ele tivesse noção de que a demora em abolir a escravidão no Brasil – levamos quase setenta anos driblando o problema – foi decisiva para que o país perdesse o bonde no século XIX e entrasse manquitolando no século XX.

Mas não há escapatória. Ele precisa conhecer razoavelmente pelo menos a história política recente do Brasil: o processo de redemocratização do país e a Constituinte, os governos militares e a luta contra a ditadura, os governos de João Goulart, Jânio Quadros e Juscelino Kubitschek, a Era Vargas e a Revolução de 30. A ordem dos temas, inversa à da cronologia, não é gratuita. É mais simples e estimulante iniciar os estudos pelos assuntos mais próximos de nós. Comece pelo quintal, depois saia à rua, em seguida visite o bairro, mais tarde conheça a cidade, siga viagem então pelo país.

> *A ideia não é minha, mas de Evandro Carlos de Andrade. Foi um dos mais completos jornalistas que conheci. E um grande sujeito. Transformou O Globo no jornal que é hoje e depois deu uma fantástica sacudida no jornalismo na TV Globo. Evandro irritava-se com a falta de conhecimento de história da maioria dos repórteres de política e atribuía a responsabilidade da ignorância às escolas. Ensinavam história a partir do passado, e não do presente. Começavam com Cabral, e não com Ulysses Guimarães ou Tancredo Neves. "Quando chegam*

a Tiradentes, ninguém aguenta mais. Nem os professores", brincava ele. E sugeria que se invertesse a ordem. Assim, pelo menos, antes que a turma entregasse os pontos, saberia algo sobre a República Velha.

Às vezes, o repórter quer estudar a história política recente do Brasil, mas esbarra em um problema: não há cursos específicos sobre esse ou aquele período e, no caso de fatos mais próximos, a bibliografia existente é precária. Não desanime. Converse com um jornalista mais experiente e peça dicas. Discuta o assunto com seus chefes e veja se a empresa não pode organizar um curso. Em último caso, parta para a produção independente. Fixe metas – "este ano, vou estudar a ditadura militar, no ano que vem lerei sobre a década de 1950" – e cumpra-as. Grandes jornalistas são autodidatas.

Quer um exemplo? Mauro Santayanna. Quando o encontro no Congresso, ganho meu dia. Ele conta casos, lembra frases saborosas, faz análises interessantíssimas, associa fatos atuais com episódios antigos – sempre com muita inteligência e bom humor. Mauro tem uma cultura política vastíssima, mas não chegou a terminar o que antigamente chamava-se curso primário. Teve apenas dois anos de educação formal. Aprendeu tudo que sabe, e sabe muito, nos livros e na vida. Quando Tancredo Neves disputou a Presidência da República, Mauro redigia discursos e artigos para ele. Certa vez, escreveu um texto sobre sistemas partidários para ser publicado pela Folha de S.Paulo. Tancredo leu e devolveu: "Está bom, tão bom que ninguém vai acreditar que fui eu que escrevi. Piora um pouco, Mauro". E olha que Tancredo tinha uma boa cultura política. Mas Mauro é fora de série – e para ser um fora de série é preciso trabalhar por conta própria. Lembra-se dos lobos solitários, mencionados antes? Eles não correm apenas atrás de notícia. Correm atrás de cultura também.

VIVA A INTERNET

No tempo do jornalismo heroico, até a primeira metade do século XX, o bom repórter era aquele que saía à rua e voltava com uma boa história. Os jornais não eram máquinas organizadas, não tinham pauta, não sabiam o que era planejamento. Dependiam basicamente do faro do repórter para descobrir uma matéria interessante.

Depois, com a modernização da imprensa, o bom repórter passou a ser aquele que, além de ser capaz de voltar da rua com uma história, tinha também uma boa caderneta de telefones. Ou seja, conseguia falar com muita gente. Era o profissional com faro e fontes.

Hoje em dia, quando os recursos da informática e da telemática permitem o rápido tratamento de grande quantidade de informações, o repórter precisa também saber usar essas ferramentas. Navegar na rede e produzir informação a partir dos milhares de bancos de dados espalhados pelo mundo é tão importante quanto farejar uma boa história e ter uma caderneta (ou agenda eletrônica) recheada de telefones. Nesse capítulo, os repórteres iniciantes levam vantagem. São de uma geração que se criou na frente de computadores e videogames. Estão acostumados a navegar.

> *Os computadores começaram a entrar nas redações dos jornais brasileiros há menos de vinte anos. Na época, houve colegas que entraram em pânico. Não conseguiam escrever diante do monitor. Durante meses continuaram agarrados às máquinas de escrever. Depois, renderam-se. E descobriram que os computadores facilitavam seu trabalho.*
>
> *No início dos anos 90, quando fui correspondente na Inglaterra, não havia internet. A última moda por lá era um serviço de videotexto da BBC, que se acessava pelo aparelho de televisão. Navegava-se com o auxílio do controle remoto. Embora hoje pareça algo do tempo do onça, para mim foi uma mão na roda.*
>
> *Em Londres, meu computador era um laptop robusto. Acredite: com as baterias, pesava sete quilos. As matérias eram enviadas por uma companhia privada de transmissão de dados, por telefone. Hoje, dispara-se um e-mail. Em menos de trinta segundos, o serviço está feito.*

Os repórteres na ativa hoje tiveram de pegar andando o bonde da informática. Muitos ainda não descobriram como usar os extraordinários recursos da internet para reunir informação. De certa forma, todos ainda estamos tateando nessa área. Nela, a tendência é de que as novas gerações de profissionais levem vantagem. Solte foguetes; afinal topamos com uma área em que você larga na frente. Mas não se anime muito. Há profissionais no topo da carreira que parecem garotos da geração do polegar. Adaptaram-se rapidamente aos novos tempos.

Muitos entusiasmam-se com a agilidade que a internet dá à cobertura. Para mim, o mais importante é o acesso que ela proporciona à informação segmentada. Há alguns anos, se eu quisesse saber se tal ou qual fato ocorreu no governo de Campos Sales ou de Rodrigues Alves, teria de fazer uma consulta ao departamento de pesquisa do jornal ou da TV. Na melhor das hipóteses, teria a informação em uma hora, se tivesse. Hoje, chego até ela em dez minutos. Índices de inflação ou de crescimento do PIB nos últimos vinte anos? Três minutos. Quantos votos receberam Jânio Quadros e o marechal Lott nas eleições de 1960? Três minutos. Dados sobre a vida política do presidente argentino Nestor Kirchner? Cinco minutos. Quero estudar a campanha abolicionista, as negociações entre Vargas e Roosevelt ou o Pacote de Abril? Posso encontrar na rede dezenas ou mesmo centenas de artigos sobre esses temas. Antes, quando não sabíamos o significado de uma palavra, íamos ao dicionário. Hoje, quando queremos começar a nos aprofundar em um tema, começamos pela internet.

Cuidado com a internet

A internet é um terreno de liberdade, mas é também um terreno de irresponsabilidade. O que há de lixo, invenção, mentira e maluquice na rede é impressionante. Cuidado com ela. Vale para a rede a regra básica de toda e qualquer apuração: verificar a informação.

O perigo torna-se ainda maior no caso dos serviços de informação em tempo real. As empresas de comunicação ainda estão engatinhando nessa mídia e nem sempre conseguem atingir o equilíbrio adequado entre a rapidez na divulgação da notícia e a confiabilidade da informação. A verdade é que se chuta muito nessa área, como se a notícia em tempo real não tivesse de obedecer às mesmas regras adotadas nos jornais, no rádio e na TV. Ainda vivemos no faroeste eletrônico – o importante é ser o mais rápido no gatilho.

> *Outro dia, uma agência de notícias "informou" que circulavam rumores em Brasília de que determinado ministro estava entregando naquele momento sua carta de demissão ao presidente da República. Fiquei estarrecido. Desde quando jornalista divulga boato? Jornalista checa boato, para saber se ele leva a uma informação confiável ou deve ir para a lata do lixo.*
>
> *Uma hora mais tarde, a mesma agência informava que os "rumores" não haviam-se confirmado. O ministro permanecia no cargo.*

Atualmente, quase todos os repórteres de política dos grandes jornais são anfíbios. Escrevem matérias para a edição do dia seguinte e mandam *flashes* para os serviços em tempo real. Essa dupla militância é problemática. Nem sempre o profissional consegue fazer o milagre da multiplicação dos pães, abastecendo o "tempo real" com informação de qualidade e, ao mesmo, fechando uma matéria redonda para o jornal impresso. Quando não é possível conciliar, a corda, é claro, rompe do lado mais fraco e a informação instantânea acaba sendo prejudicada. Pode ser que, no futuro, as empresas de comunicação voltem a investir pesado no "tempo real", aumentando os efetivos e, com isso, elevando a confiabilidade de seus serviços. Mas, enquanto durar o período das vacas magras, é bom não confiar muito nos *flashes* das telinhas. Eles não costumam passar pelos mesmos testes de qualidade a que são submetidas as informações que estarão nos noticiários de TV e nos jornais impressos.

O mais curioso é que, muitas vezes, essa ligeireza acaba atrapalhando o trabalho do repórter na rua, em contato direto com a notícia. De repente, ele recebe um telefonema da redação: "Deu na agência X que tal coisa aconteceu. O que você tem sobre isso?". O sujeito não tem nada, é claro, porque a informação não é verdadeira, mas ele é obrigado a parar o que está fazendo, perdendo tempo e energia, para checar uma bola fora dos outros. E a novela não termina aí: ele perderá mais tempo ainda depois para convencer a redação de que está certo e a agência X errada. Às vezes, o quiproquó ocorre no pique do fechamento, e o repórter é obrigado a gastar meia hora preciosa desembrulhando um problema que não embrulhou.

E FORA DE BRASÍLIA?

Você pode estar pensando que boa parte das observações feitas neste capítulo não se aplica ao jornalismo político de modo geral, mas apenas ao jornalismo político que se faz na capital da República. Afinal, o Congresso pode ser o coração da cobertura em Brasília, mas no seu estado a Assembleia Legislativa não está com essa bola toda.

É evidente que as circunstâncias da cobertura variam, pois a independência da imprensa não é a mesma em todos os lugares, as tradições e os costumes locais mudam de estado para estado e o peso da opinião pública manifesta-se de modo desigual nas diferentes regiões. No entanto, as regras básicas do cotidiano do jornalismo político, de uma forma ou de outra, são razoavelmente gerais. Converse com muita gente, reúna mais informação do que precisa, perceba os interesses por trás dos discursos, entenda a personalidade dos principais políticos, capte os momentos de virada, desconfie do que faz sentido demais, leia jornais, converse com os colegas, forme sua própria opinião, conheça as regras do jogo e estude a história política recente.

E boa sorte. Você vai precisar. Afinal, sem sorte não se chega a lugar nenhum. Mas lembre-se, também, de que a sorte só ajuda a quem se ajuda.

Aperte o cinto

Há situações de risco que, volta e meia, invadem o espaço aéreo da cobertura política. Trate de conhecer seus mecanismos de funcionamento para saber lidar com elas. Afinal, ninguém é bom voando apenas em céu de brigadeiro. Também precisa ser capaz de pilotar com o tempo fechado. Nas próximas páginas, vamos supor que o tempo fechou. Vamos atravessar nove áreas de forte turbulência. O serviço de bordo está temporariamente suspenso. Aperte o cinto de segurança.

O tempo não para

Trabalhamos permanentemente contra o relógio, e nem sempre os extraordinários progressos tecnológicos vêm aliviando o nosso lado na briga contra o tempo. Hoje em dia, a notícia é praticamente instantânea. Temos menos tempo para pensar, avaliar e ponderar os fatos do que antes. Os políticos também. São obrigados a reagir de imediato ao ataque de um adversário ou a uma decisão do Palácio do Planalto, muitas vezes sem medir todas as consequências de sua reação. Resultado: o coeficiente de besteiras dos dois lados do balcão vem crescendo bastante.

> *Sílio Boccanera é um dos mais experientes correspondentes internacionais brasileiros. Tem quase trinta anos de estrada lá fora. É dele a observação:*
> "Nos anos 60 e 70, da Guerra do Vietnã, uma equipe de televisão em campo operava em filme. Mesmo assim, entre a cobertura numa aldeia do Vietnã sob ataque e a exibição da matéria no ar, passavam-se com frequência três ou quatro dias. O filme exigia tempo para ser revelado e o material era então despachado por via área do Vietnã para os Estados Unidos ou para a Europa, a fim de ser editado e exibido, pois não se transmitia via satélite naquela época.
> Com o avanço da tecnologia, o repórter, hoje, não só opera em vídeo, como pode entrar ao vivo de locais obscuros do mundo, utilizando equipamento portátil de transmissão por satélite. O espaço entre a cobertura e a transmissão é cada vez mais curto, limitando o tempo disponível para o repórter em campo refletir sobre o que realmente significam os acontecimentos que ele está cobrindo. Mal se chega ao local e já se pede para entrar ao vivo contando o que se passa. O pobre do repórter ainda nem desfez a mala e já tem de pontificar sobre o que nem teve tempo de ver."
> ("O telejornalismo e o correspondente estrangeiro, em *Lições de jornalismo 2*)

O que poderia dizer, por exemplo, um repórter de TV ou rádio cobrindo ao vivo o atentado à primeira torre gêmea do World Trade Center no momento em que o avião da United Airlines investiu contra a segunda? "Oh, my God!" seria pouco. Qualquer outra coisa seria muito, pois ninguém sabia exatamente o que estava acontecendo. A única observação possível era a de que o ataque à segunda torre praticamente eliminava a possibilidade de acidente; tudo fazia crer que as ações eram intencionais.

Nessas horas, o melhor é não chutar e jamais falar por falar. Não somos obrigados a entender todos os acontecimentos no momento em que eles ocorrem. Somos humanos, temos limites. Mas podemos ampliar nossos limites, se nos prepararmos melhor, se aumentarmos nossa cultura geral, se entendermos mais profundamente os assuntos que cobrimos, se nos interessarmos mais pelo que se passa no país e no mundo. Quem tem informação prévia reunida e cultura acumulada é mais capaz de juntar fatos fragmentados, estabelecer relações com outras situações e vislumbrar possibilidades no meio de situações confusas do que o profissional despreparado.

Você pode achar que está fora dessa situação de risco porque não pretende trabalhar em rádio ou televisão, veículos que exigem entradas ao vivo. Não se fie tanto em suas pretensões – os homens fazem planos, os deuses riem deles. A vida costuma tomar caminhos inesperados. Além disso, cada vez mais o jornalista tende a ser um profissional multimídia, que trabalha em jornal, revista, TV, rádio e internet. Portanto, não ponha cercas em seu futuro. Esforce-se para ser um profissional mais completo.

Eleições (e problemas) à vista

Atualmente, o Brasil vai às urnas a cada dois anos, o que é ótimo para a democracia e para o país. Para você, repórter de política, também. A eleição é um momento especial, de prestação de contas, retificação de rumos e escolha de caminhos.

Mas eleição é também um momento muito tenso. As paixões exacerbam-se, as torcidas organizam-se e as pressões sobre os órgãos de comunicação vão à lua. Os candidatos ficam paranoicos, descobrem segundas intenções em matérias triviais e reclamam o tempo todo de que estão sendo perseguidos ou seus adversários, favorecidos. E, como desgraça pouca é bobagem, os leitores também entram em campanha. Alguns conseguem ficar mais paranoicos do que os candidatos, se é que isso é possível. Telefonam, mandam cartas, enviam e-mails, sempre desancando a cobertura. Alguns são educados, outros nem tanto, muitos partem para a grosseria e a ofensa. É algo muito desagradável, mas faz parte do jogo. Dá perfeitamente para lidar com a situação.

A pressão do leitor, do telespectador e do ouvinte em favor dos seus candidatos preferidos incomoda, mas é legítima. É uma forma de participação tão válida quanto distribuir panfletos, usar camisetas, pendurar galhardetes na rua ou fazer comício no boteco. Mas o fato é que contribui para criar um clima nervoso nas redações. Nessas circunstâncias, nós, jornalistas, que não estamos em campanha, embora tenhamos nossas preferências pessoais, é claro, devemos buscar manter a cabeça fria em meio às emoções, paixões e acusações que tomam conta do país. O importante é cobrir os acontecimentos da campanha com equilíbrio e rigor, compreendendo que a sociedade está dividida e o agudo choque de opiniões é inevitável.

> *Por melhor que seja seu trabalho, não espere elogios. A melhor cobertura eleitoral é aquela em que, ao final, todos os candidatos estão igualmente aborrecidos conosco.*

Mas eleição não é sinônimo só de paixão. Frequentemente, ela se confunde com armação. E é preciso estar muito vigilante para não ser usado pelos diferentes candidatos na caça ao voto.

> *Nas eleições de 1994, eu era editor de política de O Globo. No fim de semana anterior ao segundo turno das eleições para governador do Rio de Janeiro, o jornal recebeu um dossiê, fartamente documentado, com pesadas denúncias sobre o envolvimento de parentes do candidato Marcello Alencar em atos de corrupção. À primeira vista, o conjunto do material era nitroglicerina pura. Se fosse verdadeiro e fosse divulgado, provavelmente levaria pelos ares a candidatura de Marcello, dando a vitória a Anthony Garotinho. O que fazer? O jornal decidiu verificar as denúncias a fundo e, em caso de comprovação, publicá-las.*
>
> *Boa parte dos documentos – recibos, fotocópias de cheques, canhotos de depósito – era de agências bancárias em São Paulo. A origem do dossiê, também. A sucursal de São Paulo, então, foi acionada, e o repórter Luiz Carlos Azedo, encarregado de ouvir os gerentes de banco e entrar em contato com os caras que haviam produzido o dossiê. No Rio, chamei para uma conversa o político que mediara a entrega do material ao jornal. Conhecia-o de outras épocas e tinha boa relação pessoal com ele. Fui claro: "Não dá para publicar um dossiê de fotocópias. Queremos ver os originais. Ou São Paulo mostra os originais ou o assunto vai morrer". Apesar da advertência, os originais não apareciam.*
>
> *No meio da tarde de segunda-feira, Azedo ligou-me. Ele e eu nos conhecemos de outros carnavais. Militamos juntos e confiamos um no outro. Ele se abriu: "Estou achando tudo muito esquisito. Parece coisa de 171. Mas tenho uma boa notícia: um dos gerentes do banco topou dar uma olhada no dossiê. Vou estar com ele daqui a pouco".*
>
> *Fui ao aquário e fiz um resumo da situação. Não dava para publicar o material na edição do dia seguinte. Na melhor das hipóteses, poderia sair na edição de quarta, praticamente em cima da eleição, marcada para domingo. E mais em cima do final do horário de propaganda eleitoral gratuita. A nitroglicerina estava suando em nossas mãos.*
>
> *À noite, Azedo voltou a falar comigo. "O gerente diz que o nome e o número de uma agência na fotocópia não coincidem. Ele levou o material para um inspetor*

do banco." No dia seguinte veio a confirmação: o inspetor constatou incongruências em três documentos. Para ele, tratava-se de uma montagem – muito benfeita, mas uma montagem.

Enquanto isso, em um banco no Rio, logramos descobrir que os valores do canhoto de um depósito na conta de um dos parentes de Marcello não batiam com a movimentação efetivamente feita. Conversei com a pessoa contra a qual o dossiê fazia mais carga e convenci-me de que, naquele episódio, ela estava limpa. Ao final do dia, ficou claro para o jornal que o material era forjado e, evidentemente, não podia ser publicado.

Telefonei então para o político que apadrinhara o dossiê e pedi uma conversa. No encontro, fui apontando, uma a uma, as inconsistências do material e, ao final, resumi a ópera: "É tudo uma falsificação". O cara ficou branco. Parecia não acreditar. Ao final, jogou a toalha: "E pensar que nós pagamos 300 mil dólares por esse lixo".

Não sei se o desabafo era fato ou fita. O importante é que o jornal e seus leitores não foram intoxicados pela armação.

CPIS: TEMPORADA DE CAÇA ÀS BRUXAS

Há cpis e cpis. A maioria delas dedica-se a investigar temas específicos, que, embora importantes, têm escasso apelo junto à opinião pública. Por isso mesmo, não são cobertas de modo sistemático pela imprensa e recebem pouco espaço nos jornais. Mas há cpis que fizeram história, como a de pc Farias, que levou ao *impeachment* do presidente Fernando Collor, a da Comissão do Orçamento, que desmontou um megaesquema de corrupção existente no Congresso e levou à cassação ou à renúncia de numerosos parlamentares, e a do Poder Judiciário, que abriu caminho para a prisão do juiz Nicolau dos Santos Neto, o Lalau, e a renúncia do senador Luiz Estevão. Essas três comissões parlamentares de inquérito tiveram um impacto tão grande na vida política brasileira que, no imaginário popular, cpi virou sinônimo de investigação para valer, aquela que não se detém diante de nenhum obstáculo e é capaz de retirar de circulação ou mandar para a cadeia gente rica e influente. Essa percepção talvez seja exagerada, mas não há dúvida de que, em determinadas circunstâncias, as cpis são um tremendo instrumento de investigação. Têm poderes vastíssimos, semelhantes aos dos juízes. Podem quebrar sigilos bancário, telefônico e fiscal de suspeitos e convocar autoridades, mesmo as mais altas, salvo o presidente da República, para depor. Além disso, se o caso atrair a atenção da opinião pública, a cpi passa a contar com excepcional exposição na mídia. Ou seja, tudo que ela faz, apura, indaga, conclui ou mesmo supõe tem um impacto formidável e imediato na sociedade. Os holofotes, as câmeras e os microfones estão voltados para a comissão.

A combinação de poder de polícia com a força da imprensa tem um lado bom e um lado ruim. O positivo é que gera uma ação com tal profundidade, contundência e rapidez que rompe barreiras aparentemente inexpugnáveis e dissolve cumplicidades tidas como indestrutíveis. E a partir daí, a CPI ganha vida própria. "CPI a gente sabe como começa, nunca como termina", dizia o doutor Ulysses Guimarães. Surpreendidos, os envolvidos nas falcatruas não conseguem deter a avalanche de revelações, caem em contradições, brigam entre si e acabam capotando diante do país, que, então, reúne as condições para fazer uma boa limpeza na área.

O lado negativo é a conversão da CPI em um espetáculo. Alguns deputados e senadores deixam de lado o trabalho sério de investigação e recorrem a todo tipo de truques, piruetas e efeitos especiais para conseguir um bom lugar diante das câmeras.

Do outro lado do balcão, os repórteres passam a sofrer forte pressão das chefias pelo "furo nosso de cada dia". "Por que o concorrente teve tal documento e nós não tivemos?" "Por que não botamos a mão na declaração de bens do fulano?" "Onde estávamos ontem que não tivemos essa bomba?" "A *Veja* vem com novidade." "Parece que a *IstoÉ* vai antecipar a edição da semana." "Beltrano, da *Época*, foi visto ontem à noite entrando no prédio onde mora o sub-relator da CPI. Vamos correr atrás." A excitação, a adrenalina e a paranoia tomam conta das redações. Resultado: logo, logo aparecem as dobradinhas, tão estreitamente formadas e trabalhando de tal modo articuladas que é impossível saber ao certo se são os repórteres que têm fontes ou as fontes que têm repórteres.

E assim, aos poucos, passa-se da caça ao furo para a caça às bruxas. No afã de ser o primeiro a dar a notícia, vai-se baixando a guarda. Já não se checa a informação como antes. E, à medida em que a bola de neve vai ganhando velocidade, sai de baixo. Suposição vira informação; indício converte-se em prova; suspeito passa a ser bandido; e a dica, que em condições normais seria o ponto de partida da matéria, pode acabar como manchete do jornal.

Não é fácil pular fora de um turbilhão como esse, em especial porque o distinto público, que a tudo assiste das arquibancadas, quer ver sangue. Ele já entrou no Coliseu com o polegar para baixo. E se algum inocente for jogado aos leões com os pilantras? Paciência. A opinião pública, no seu devido tempo, chorará uma lágrima compungida pelo infeliz. Para algo assim, existe o ditado de que "não se faz omelete sem quebrar os ovos". No momento, porém, a velha senhora quer apenas ir à forra e lavar a alma.

O resultado é que, muitas vezes, as CPIs cometem injustiças graves. Destroem carreiras, fuzilam honras, mancham reputações. E nós, jornalistas, temos uma cota de responsabilidade nessa história.

> *Em 2004, dez anos depois de ter escrito uma matéria que ajudou a botar o ex-presidente da Câmara Ibsen Pinheiro no banco dos réus da CPI do Orçamento, o repórter Luís Costa Pinto revelou que a reportagem da Veja continha um gravíssimo erro factual, detectado antes de a revista ter chegado às bancas: o depósito feito na conta do deputado que provaria seu envolvimento com a máfia dos anões do Orçamento não equivalia a um milhão de dólares, mas a mil dólares. No primeiro caso, era incompatível com seus rendimentos de parlamentar. No segundo caso, não.*
>
> *Segundo Costa Pinto, ao tomarem conhecimento do erro, ele e o comando da revista entraram em pânico. Uma milhão e duzentas mil capas com o título "Até tu Ibsen?" já haviam sido rodadas. Foram salvos pelo gongo, ou melhor, pelo deputado Benito Gama, sub-relator da CPI. Localizado pelo telefone, ele manteve a versão de um milhão de dólares.*
>
> *O comando da Veja na época diz que a história não foi bem assim e que a responsabilidade do repórter no episódio foi bem maior do que ele dá a entender. Lembra, ainda, que a informação sobre o milhão de dólares foi de responsabilidade da CPI e apareceu na maioria dos órgãos de imprensa.*
>
> *É verdade, todo mundo, com maior ou menor estardalhaço, embarcou na história. O problema é exatamente esse: a informação estava errada, a CPI bancou-a, e toda a imprensa entrou na onda, sem fazer sua própria checagem. Devemos correr para o abraço ou aprender com o erro?*

Denúncias e escândalos

Mas não é só durante as CPIs que a cobertura política parece cobertura de polícia. Faz parte do nosso cotidiano também investigar denúncias sobre irregularidades na administração pública, desvios de recursos, armações em concorrências e negócios escusos com dinheiro do Estado.

Algumas vezes as denúncias referem-se a mordomias indevidas, deslizes com cartões de crédito e passagens aéreas ou uso de aviões da FAB em viagens de lazer. Não são irregularidades capazes de quebrar o país, mas nem por isso a imprensa deve deixá-las de lado. A sociedade tem o direito de saber como o dinheiro público é gasto e se as normas de moralidade que devem reger a administração do Estado estão sendo obedecidas.

Ministros de Fernando Henrique viajaram em aviões da Força Aérea para passar férias em Fernando de Noronha? Está errado. Os regulamentos são claros: os jatinhos só podem ser usados a serviço. Nos jardins do Palácio da Alvorada foram plantadas flores formando uma estrela do PT? Também não pode. Governo é governo, partido é partido. Prédios públicos não podem exibir símbolos e inscrições partidárias.

Normalmente, as autoridades flagradas nessas derrapadas ficam irritadíssimas com a imprensa. Acusam-nos de fazer tempestade em copo d'água, dando importância excessiva a assuntos menores. Muitas vezes rompem relações com o repórter responsável pela matéria ou dão instruções aos assessores para deixarem-no na geladeira. É do jogo. Cada um faz seu trabalho e aprende com seus erros como pode.

> *Adjetivo não combina com matéria de denúncia, especialmente sobre irregularidade administrativa ou infração de normas éticas. Ironia, muito menos. Deboche, nem pensar. A matéria tem de ficar de pé por si mesma, sem anabolizantes. Se a denúncia for quente, não precisa ser esquentada; se não for tão quente assim, deve ser mais bem apurada antes de ser publicada.*
>
> *O leitor desconfia de denúncia feita com muito prazer. Tem razão. Afinal, estamos apenas cumprindo nossa obrigação.*

Mas, muitas vezes, topamos com casos bem mais cabeludos. São esquemas de corrupção pesadíssimos, com ramificações em diversas áreas, envolvendo desvios de recursos milionários. Algumas vezes, as denúncias chegam-nos por intermédio de um funcionário público ou de um técnico que descobriu o esquema; em outras, a iniciativa é de alguém que fazia parte da turma e foi escanteado; em outras, ainda, a dica é de um desafeto ou inimigo político dos chefes da quadrilha. Pouco importa. Como já vimos, fonte não precisa ter caráter, mas informação. Cabe ao repórter não ser bobo e fazer sua própria investigação.

Rouba-se muito no Brasil. Talvez roube-se menos hoje do que há algumas décadas. A imprensa está mais vigilante, o Ministério Público, mais atuante, a Polícia Federal, mais esperta, a sociedade, mais exigente. Resultado: ficou mais difícil desviar dinheiro público sem ser descoberto. Mas mesmo assim ainda estamos muito longe de padrões razoáveis no trato com o dinheiro público. E não subestimemos a imaginação criadora, a capacidade organizacional e a ousadia criminosa da pilantragem de colarinho branco. Ela aprende mais rapidamente com seus tropeços do que a sociedade com seus acertos. Mal um esquema de corrupção vem abaixo, outro já começa a se formar tentando não repetir os erros anteriores.

De modo geral, as redações dos grandes jornais e TVs não chegam a ter um plano global de cobertura de corrupção ou uma editoria de corrupção. Trabalham em cima das denúncias à medida que elas vão aparecendo. Não é um método ruim, até porque não há pessoal suficiente para ficar fazendo varreduras sistemáticas nas diversas áreas. Mas talvez nossa eficácia pudesse ser maior se seguíssemos o dinheiro. Ou procurássemos as pirâmides.

> *Quando visitei o Egito, emocionei-me diante delas. Qualquer um se emociona. Até Napoleão: "Soldados, do alto dessas pirâmides quarenta séculos vos contemplam". Mas, depois de algum tempo de contemplação, voltei à Terra de novo. E não pude deixar de pensar que certamente muita gente boa na corte dos faraós havia feito fortuna nas obras: "Um deve ter ganho dinheiro cortando e trazendo pedra das jazidas Nilo acima, outro transportando os blocos Nilo abaixo, um terceiro fornecendo alimentação para os escravos, outro contratando mão de obra especializada, um quinto fazendo a administração do conjunto da obra, fora o pessoal da sala do trono que não era de ferro e certamente cobrava suas comissõezinhas para lubrificar o pagamento dos contratos".*
>
> *É sempre assim. Onde o Estado faz grandes negócios e movimenta muito dinheiro, seja vendendo, seja comprando, os espertalhões logo aparecem. Por isso mesmo, estude o orçamento, descubra as áreas com mais recursos, ponha o olho em cima delas. Siga o dinheiro. Procure as pirâmides. Elas também nos contemplam no Brasil.*

Uma dobradinha do barulho

A Constituição de 1988 ampliou extraordinariamente os poderes do Ministério Público, que, além de ganhar independência em seu trabalho, passou a ser responsável pela defesa dos interesses difusos da sociedade. A natureza está sendo agredida por essa ou aquela empresa? As autoridades competentes não demarcaram uma reserva indígena no prazo legal? Há suspeitas de desvio de dinheiro em um determinado órgão público? Em todos esses casos e em muitos outros, o Ministério Público tem poderes para representar a sociedade, requisitando informações, requerendo interrogatórios, conduzindo investigações e, se julgar cabível, pedindo a abertura de processos na Justiça.

O impacto da ação do novo Ministério Público na vida política nacional foi tremendo. Relações promíscuas entre autoridades e grupos econômicos vieram à tona, quadrilhas de colarinho branco foram desarticuladas, políticos de peso tiveram de dar explicações sobre atividades suspeitas, crimes ambientais foram sustados ou denunciados – em suma, as zonas de luz conquistaram terreno sobre as zonas de sombra em todo o país.

No entanto, aos poucos, foram se estabelecendo relações perigosas entre integrantes do Ministério Público e parte da imprensa. Certos procuradores, por exemplo, ao suspeitar da existência de corrupção em determinado órgão público, não iniciavam seu trabalho investigando em profundidade a denúncia. Preferiam passar a denúncia para um repórter conhecido – em *off*, é claro – para dar publicidade ao caso. Resultado: outros jornais entravam no assunto, partiam para sua própria apuração e, assim, a bola de neve começava a girar. Dias depois, o procurador que havia dado o pontapé inicial na história já falava em *on*, dizendo-se prestes a abrir uma investigação, com base nas denúncias publicadas pela imprensa. E assim fechava-se um círculo vicioso: o MP acionava a imprensa, que se escudava em *offs* do MP para fazer denúncias sem comprovação, denúncias que davam condições políticas ao MP para manter o caso em evidência sem qualquer investigação séria.

Dessa forma, a responsabilidade, ou melhor, a irresponsabilidade das denúncias ficava diluída, os suspeitos eram expostos à execração pública sem qualquer ônus para os acusadores e procedia-se a um julgamento sumário do caso na opinião pública. É evidente que, nessas condições, poucos conseguiam escapar da condenação política. Quanto à investigação propriamente dita, em geral não prosperava ou era feita em cima das pernas. Se um processo criminal chegava a ser aberto contra o suspeito, não dava em nada. Tecnicamente, as peças de acusação não traziam elementos suficientes para produzir condenações. Mas o estrago político já estava feito.

Esse tipo de dobradinha sustentou-se durante algum tempo, mas, nos últimos anos, está em xeque. Hoje em dia, quase todos os grandes jornais e os departamentos de jornalismo das emissoras de rádio e de televisão são muito cautelosos nas relações com alguns integrantes do Ministério Público. Quando recebem denúncias de procuradores em *off*, não se contentam com a espuma: indícios, impressões, opiniões. Exigem mais consistência: provas, documentos, acesso às investigações. E partem para sua própria apuração. Senão, preferem ficar fora da história. É bom que seja assim. Não cabe à imprensa divulgar denúncias sem fundamento, feitas em *off*, ainda que por integrantes do MP.

Entre o furo e a barriga, fique com o leitor

Repórteres adoram dar furos – notícias importantes que ninguém mais teve. Repórteres odeiam dar barrigas – notícias que parecem espetaculares à primeira vista, mas depois revelam-se monumentais desastres. Feliz daquele que vive subindo aos céus marcando pontos na primeira coluna e jamais desce aos infernos cravando erros na segunda. Na vida, porém, é bom ter cuidado: os vasos comunicantes entre as duas colunas são bem maiores do que se imagina. Repórter que dá muito furo está também muito exposto a embarcar em uma barriga.

O furo é sempre uma corrida contra o relógio. Busca-se divulgar a notícia antes da concorrência. Se o repórter verificar demais, pode perder o furo; se verificar de menos, pode dar a notícia sem a devida confirmação e errar, perdendo a credibilidade. Não há receita de bolo que resolva de antemão como se comportar diante desse tipo de dilema. Para variar, cada caso é um caso.

Algumas regrinhas, porém, ajudam a lidar com o problema:

- Há furos e furos. Uns referem-se a informações extremamente relevantes, outros, a fatos de menor importância. Por isso mesmo, quando o repórter não estiver totalmente seguro da notícia, só vale a pena correr riscos no primeiro caso. No segundo, o impacto da suposta exclusividade da informação é tão pequeno que não compensa a ameaça a sua credibilidade. (Ver também a terceira regra.)
- Furo em *on* quase não tem risco. Afinal, quem está botando a cara na reta é a pessoa que deu a informação. O diabo mora no furo em *off*. E se o sujeito que deu a informação nas sombras dá o dito pelo não dito no dia seguinte? Ou se sai pela tangente e alega que o repórter entendeu mal o que ele disse? Se informação em *off* já exige confirmação, furo em *off* exige muito mais.
- No campeonato da credibilidade, um furo vale um ponto; uma barriga, menos cinco. A proporção é essa mesmo. São necessárias cinco informações exclusivas para empatar o jogo e contrabalançar o desastre de uma informação errada dada com estardalhaço. Trocando em miúdos: as regras são extremamente desfavoráveis ao jogador compulsivo. Faz sentido: jornal não é cassino e notícia não é jogo de azar.

- Na dúvida, não pense em você, mas no leitor (ou no telespectador, ou no ouvinte). Muitas vezes, é a vaidade que nos leva a forçar a barra e apostar todas as fichas em um suposto furo que, por falta de tempo, não pôde ser devidamente checado. Nesses momentos, pense no leitor e não em você: o importante é a informação correta, e não o brilho pessoal do repórter. Quando o leitor entra na avaliação, tendemos a ser mais sóbrios e a pôr os pés no chão.
- Abra o jogo com seu chefe, divida com ele suas dúvidas, transmita-lhe também as razões que o fazem confiar na fonte e na informação. É melhor que a decisão seja conjunta. Se der zebra, no dia seguinte você terá alguém a seu lado quando o mundo cair sobre sua cabeça. E lembre-se: em situações de altíssimo risco, não blefe com seu chefe. Uma barriga é um desastre; uma barriga com quebra de confiança é o fim da linha.
- Por último, se você não é um jogador, tem os pés no chão e costuma pensar no leitor e não em seu brilho pessoal, vá em frente quando tiver o sentimento de que tem nas mãos um furo e não uma barriga. Confie em seu taco. Em geral, a bola vai para a caçapa. Raramente o *feeling* de um repórter seguro na apuração equivoca-se.

Nem sempre um furo espetacular é reconhecido imediatamente. Às vezes, em um primeiro momento, só dá dor de cabeça. Que o diga o repórter Carlos Marchi. No dia 22 de janeiro de 1984, um domingo, ele estava de plantão na sucursal de Brasília do Jornal do Brasil *e resolveu correr atrás de uma história que lhe tinham soprado dias antes pessoas muito ligadas ao vice-presidente Aureliano Chaves: o governador de Minas, Tancredo Neves, do* PMDB, *em plena campanha das Diretas Já, vinha mantendo conversas sigilosas com Aureliano Chaves e com alguns governadores do* PDS. *Buscava apoio para lançar sua candidatura a presidente da República no Colégio Eleitoral, caso a emenda Dante de Oliveira fosse rejeitada pelo Congresso.*

Marchi telefonou então para os governadores, Gonzaga Motta, do Ceará e Roberto Magalhães, de Pernambuco, que, embora do PDS, *não rezavam muito pela cartilha oficial. Depois das conversas, ficou com a certeza de que tinha gato na tuba: Tancredo andava mesmo fomentando uma dissidência no partido do governo e acertando com ela os passos futuros. Escreveu a matéria em tom cauteloso e equilibrado. Deu a manchete do* JB *no dia 23 de janeiro: "Tancredo já prepara sua candidatura".*

Foi um Deus nos acuda. A esquerda do PMDB *reagiu com irritação e, mesmo entre os moderados do partido, o ambiente ficou envenenado. Afinal, três dias depois, realizava-se em São Paulo o comício das diretas, decisivo para aferir o apoio popular à campanha. Estaria Tancredo, nos bastidores, fazendo um jogo alternativo à proposta da oposição em praça pública? O governador de Minas desmentiu com veemência a notícia e acusou o jornalista que escrevera a reportagem de ser um irresponsável.*

Marchi ficou arrasado. Estava seguro de que a matéria estava correta, mas as informações haviam sido dadas em off *– e era evidente que nem Aureliano nem os governadores do* PDS *desmentiriam Tancredo em* on*. Como o comício em São Paulo foi um sucesso espetacular e, a partir daí, a campanha das diretas virou uma bola de neve e cresceu em todo o país, a história acabou passando para o segundo plano – até a derrota da Emenda Dante de Oliveira na Câmara, em julho.*

Aí a história toda veio à tona e as conversas de Tancredo com a dissidência do PDS*, antes clandestinas, ganharam a luz do dia. Quem saiu na frente e articulou o apoio a Tancredo? Aureliano. Quais foram os primeiros governadores do* PDS *a abandonar o barco do governo? Gonzaga Motta e Roberto Magalhães. Ou seja: a matéria de Marchi estava certíssima. Mesmo assim, durante um bom tempo, ele comeu o pão que o diabo amassou, embora muitos repórteres políticos daquela época reconheçam que, apesar dos desmentidos, a matéria teve cheiro de verdade desde o primeiro momento. E foi essencial para sinalizar a complexidade do momento político e balizar a cobertura jornalística a partir daí.*

O curioso é que, semanas depois, Marchi foi indicado por Fernando Henrique Cardoso e Fernando Lyra para ser assessor de imprensa da campanha de Tancredo. O encontro com o candidato foi delicioso. Marchi disse que gostaria muito de trabalhar com ele, mas, por uma questão de lealdade, queria lembrar-lhe de que era o "jornalista irresponsável" que escrevera, meses antes, a matéria sobre os encontros sigilosos com a dissidência do PDS*, que fora manchete do* JB*. Tancredo enrolou a gravata e se fez de desentendido:*

– Manchete? Que manchete?

Fingiu que não sabia de nada. E depois de ouvir o relato de Marchi, sempre enrolando e mordendo a gravata, arrematou:

– Vamos deixar esse assunto chato de lado e olhar para o futuro.

E assim Marchi tornou-se assessor de Tancredo.

Reformas ministeriais

Um piloto com larga experiência de voos sobre o Brasil disse-me certa vez que há uma zona de turbulência permanente nos céus de

Santa Catarina, fruto do choque entre fortes correntes de vento do Sul e do Oeste. Não adianta o comandante elevar a altitude para livrar os passageiros do incômodo. É inevitável: durante uns cinco ou dez minutos, o avião vai pular um pouco. Faz parte do voo.

Pois bem, podemos dizer que, nos céus da política, há uma zona de turbulência semelhante sobre Brasília. Quase todo ano, no máximo a cada dois anos, entre janeiro e março, o presidente da República, seja ele quem for, faz uma reforma ministerial. É um reflexo de nosso calendário eleitoral e da excessiva flutuação de nosso sistema político. Pode ser uma reforma limitada, que mexa apenas em quatro ou cinco peças do primeiro escalão. Pode ser uma reforma geral, que troque tudo, do piso do banheiro ao telhado da casa, passando pela cor da pintura do quarto das crianças. Seja como for, de um jeito ou de outro, as reformas ministeriais são inevitáveis e frequentes. E causam grande incômodo a muita gente – aos ministros, é claro, porque passam a caminhar na corda bamba, mas também aos repórteres políticos, porque são obrigados a garimpar informação em um terreno minado.

Não chega a ser muito complicado captar os objetivos gerais de uma reforma ministerial. Às vezes, eles são políticos: as urnas revelaram insatisfação da população com os rumos do governo, impondo uma correção de rota; determinado partido, facção ou grupo de partidos esvaziou-se ou fortaleceu-se desde a última mexida no ministério, exigindo uma recomposição das forças no poder. Outras vezes, os objetivos da reforma são administrativos. Algumas áreas do governo não funcionaram a contento ou políticas específicas mostraram-se insustentáveis. É hora, portanto, de jogar lastro ao mar para que o navio possa seguir viagem.

Mas reformas ministeriais não são feitas apenas no terreno dos objetivos gerais. Elas mexem com interesses concretos e, por isso mesmo, detonam uma intensa luta nos bastidores entre os que querem ganhar posições e os que temem perdê-las. Mais ainda: as mudanças afetam pessoas de carne e osso. As vítimas potenciais, sentindo a fritura, têm os comportamentos mais disparatados: algumas lutam com unhas e dentes para se manter nos cargos; outras mandam recados de que, se forem substituídas, sairão atirando; outras ainda entram em depressão e preferem fingir-se de mortas. Entre os candidatos a tomar o lugar dos caídos, também há de tudo: os deslumbrados, que se sentam na cadeira antes da hora; os profissionais, que trabalham em surdina reunindo apoios, e os mais profissionais ainda, que se dedicam a queimar os possíveis concorrentes. Em suma, nesses momentos vem à tona toda a miséria humana que alimenta a luta pelo poder: a arrogância, a ambição, a bajulação, a paranoia, a covardia, a intriga, a vaidade, a deslealdade, a abulia etc. Não é um espetáculo dignificante.

No meio desse fogo cruzado reina – mas não governa – o presidente da República. Os puxa-sacos palacianos adoram vender a ideia de que as reformas ministeriais são matéria da alçada exclusiva de um presidente todo-poderoso, que solitariamente determinaria a hora, o sentido e a extensão das mudanças. Nada mais falso. Chefes de governo não mudam seus ministérios porque querem, mas porque precisam. Tampouco fazem as mudanças que desejam, mas as que se impõem. Muitas vezes nem sequer escolhem os que julgam melhores, mas apenas aqueles que, depois da balaceira nos subterrâneos do poder, cruzaram a linha de chegada em melhor estado. Resumindo: o presidente faz o que pode, nas condições dadas, e não o que quer.

Por todas essas razões, as coberturas de reformas ministeriais são perigosíssimas. Os políticos mentem como nunca, plantam o tempo todo, desinformam mais do que informam e usam a imprensa para promover ou queimar pretendentes. É um tempo de guerra e, como diz o ditado, "em tempo de guerra, a mentira é como terra". Além disso, tudo é movediço até o momento da publicação das nomeações no *Diário Oficial*. Muitas vezes, uma mudança de última hora provoca um efeito dominó em outras peças – e, pronto, começa tudo de novo. Não é à toa que, no folclore político, são numerosos os casos de gente que dormiu ministro e acordou deputado. Às vezes, a informação é segura, a fonte é confiável, a decisão está tomada, mas, mesmo assim, por algum imprevisto na vigésima quinta hora, a situação vira de pernas para o ar. Tudo somado, devagar com o andor, que o santo é de barro.

Pessoalmente, piso em ovos na cobertura de reformas ministeriais. Evito anunciar que essa ou aquela cabeça foi cortada antes que tenha sido efetivamente separada do corpo pela lâmina da guilhotina. Tampouco saio cravando nomes de futuros ministros porque são os mais cotados na bolsa de apostas do Palácio do Planalto. É claro que dá para informar que tal ministro está em uma posição frágil ou que beltrano ou sicrano são fortes candidatos a uma vaga no primeiro escalão. Mas, se nem o presidente da República tem certeza de quem vai demitir ou nomear até momentos antes de assinar o ato de exoneração ou nomeação, por que deveríamos vender certezas ao leitor? Já houve casos, inclusive, de o presidente desistir da própria reforma ministerial no meio do caminho, como ocorreu com Lula nos primeiros meses de 2005.

VIAGENS PRESIDENCIAIS

Minha experiência em viagens presidenciais é nula. Já viajei muito cobrindo campanha de candidato a presidente, mas nunca fiz uma viagem acompanhando um ocupante do Palácio do Planalto, dentro ou fora do país. E olha que cobri cinco presidentes: Sarney, Collor, Itamar, Fernando Henrique e Lula. Não estou reclamando. Ao contrário, acho que tenho estrela. Viagens presidenciais são perigosíssimas.

Não entendo por que os chefes, quando querem agradar um repórter, indicam-no para acompanhar o presidente em uma viagem ao exterior. Entendo menos ainda por que os repórteres brigam para cobrir viagens presidenciais. É verdade que, nessas ocasiões, sempre se conhece países novos e aprende-se muita coisa, mas daí a encarar a missão como prêmio vai uma grande distância. Tanto que, ao voltar para a base, o repórter geralmente está insatisfeito, exausto e estressado. Não conseguiu fazer mais do que o feijão com arroz, ralou pelo menos 14 horas por dia e passou o tempo todo preocupado com a possibilidade de levar um furo da concorrência. A verdade é que viagens presidenciais, em especial ao exterior, são máquinas de moer carne.

Vamos lá: o repórter sai dois dias antes do presidente e volta dois dias depois. Enquanto a comitiva oficial viaja diretamente para o destino, ele é obrigado muitas vezes a fazer escalas pelo caminho. Se o presidente visita vários países, a situação é pior ainda: a delegação se deslocará rapidamente no Sucatão ou no Santos Dumont (nome oficial do AeroLula), ao passo que o repórter, antes ou depois da jornada de trabalho, terá de embarcar em voos comerciais, perdendo tempo em aeroportos e gastando energias com as formalidades das polícias de fronteira e das alfândegas. Assim, quando o presidente e os assessores chegam ao novo país, estão fresquinhos. Já o repórter, está um caco.

Além disso, o profissional não domina as condições em que terá de trabalhar. Há lugares em que os telefones não funcionam a contento. Outros em que as transmissões pela internet caem a todo momento. Às vezes, é a tomada da energia elétrica ou do telefone que não casa com o plug do computador – até que se resolva o problema, perde-se um tempo precioso. Outras, é a mala do repórter que se extraviou no voo ou a reserva do hotel que caiu, por alguma razão que só Deus sabe. Em suma, gasta-se muito tempo com bobagens. E, como o relógio não para, a programação do presidente segue seu próprio ritmo e a concorrência parece trabalhar a pleno vapor.

As dificuldades não acabam aí. No Brasil, ainda que o repórter esteja sozinho cobrindo um evento ou uma área, se a situação apertar muito, ele pode pedir socorro à redação e receber reforço. Já no exterior, sua solidão é absoluta. Deu problema? Ele que se vire e encontre uma solução com suas próprias forças.

> *Sou visceralmente contra o* pool, *mas, em viagens ao exterior, há momentos em que ele se justifica. Os repórteres não conseguem dar conta de tudo e são obrigados a entrar em algum tipo de acordo para fazer a cobertura completa. Por exemplo, um vai bater a matéria, enquanto o outro fica acompanhando o banquete oferecido ao presidente; depois, os dois trocam de posição. Nesse caso, trata-se de um 'pool do bem'. Suspende-se temporariamente a concorrência apenas para poder garantir aos leitores de todos os jornais a informação integral da viagem. Caso contrário, ela seria capenga para todo mundo.*

Mas a cessação temporária das hostilidades costuma durar pouco. A regra é a concorrência feroz, que, às vezes, faz vítimas importantes. Nas viagens internacionais, as condições de trabalho são tão diferentes das usuais que a experiência não conta tanto. Muitas vezes, o preparo físico faz a diferença. Por isso, com muito mais frequência do que no Brasil, é comum ver medalhões levando tombos de repórteres com menos tempo de estrada. Na volta, o jovem samurai é recebido como herói pelo seu jornal. Ao velho guerreiro, só resta beber até a última gota da taça de fel que lhe foi servida. Se levar furo em casa já é desagradável, imagina do outro lado do mundo. Deve dar vontade de sumir.

Conheça sua zona de risco específica

Cada jornalista, não importa se cobre política, cidade, economia ou esportes, tem sua zona de risco específica. Há áreas em que ele costuma errar mais – em geral, muito mais – do que em outras. Conheço repórteres extremamente seguros na apuração que, volta e meia, cometem falhas grosseiras com números. Em vez de "bilhões", por exemplo, escrevem "milhões". Outros se confundem com nomes de cidades, trocando Guarujá por Guaratinguetá ou Santo Ângelo por Santa Rosa. Outros, ainda, derrapam nos nomes de pessoas: Gustavo Loyola vira Inácio de Loiola ou Francisco Pessoa transforma-se em Fernando Pessoa. Há aqueles que simplesmente trocam palavras afins ou que soam parecido, produzindo situações engraçadíssimas.

Não são apenas os jornalistas que têm esses lapsos. Os políticos também. O secretário de organização do PT, *Sílvio Pereira, entrou para o folclore político com sua mania de trocar palavras. Certa vez, em uma reunião do Diretório Nacional, defendeu a tese de que o partido não deveria "chupar o pau da barraca" da economia. Queria dizer "chutar", é claro. O auditório quase veio abaixo. Em outra oportunidade, ao chegar atrasado a uma reunião, quando a discussão já ia acesa, foi logo dizendo: "Desculpe por pegar o bode andando". De outra feita, em vez de usar a expressão "diabo a quatro", substituiu-a por "diabo aquático". Um dia pegou pesado com um companheiro, em uma reunião do* PT: *acusou-o de ser um "pescador de águas curvas".*

O fato é que todos nós, por uma razão ou por outra, temos uma zona de risco específica. Em vez de fingir que ela não existe, o melhor a fazer é reconhecê-la claramente e administrá-la de forma profissional, redobrando a atenção. Se você tem tendência a errar nos números, revise-os quando terminar a matéria. Se seu problema é com as siglas, cheque-as sempre. E assim por diante.

Meu problema são os nomes de pessoas. Volto e meia associo o nome de alguém com o de outra pessoa, que, por alguma razão, está depositado no sótão ou no porão da minha memória. Certa vez, quando cobria agricultura, lá pelos idos de 1983 ou 1984, fiz uma matéria imensa sobre uma empresa rural que criava gado confinado no interior de Minas Gerais. O nome do principal executivo da empresa era Humberto Resende, creio. Quando a reportagem foi publicada, ele me ligou. Perguntei:

– E aí, gostou da matéria?

– Ficou ótima. Só tem um problema.

– Qual?

– Meu nome é Humberto Resende. Humberto Teixeira é o "rei do baião".

Não sabia onde me enfiar. Na manchete, no texto, nas legendas da foto, no olho da matéria, onde deveria estar Resende, estava Teixeira. Não acertei uma vez, errei todas. O mais interessante é que, naquela época, se me perguntassem quem era Humberto Teixeira, eu não saberia dizer. Mas o nome do parceiro de Luiz Gonzaga estava dormindo em algum lugar da minha memória profunda, pronto para vir à tona e me levar a fazer uma besteira.

Fiquei traumatizado com o episódio. Vivo conferindo nomes. É a minha zona específica de erro. Você também tem a sua. Descubra-a e mantenha-a sob controle.

Um bom texto jornalístico*

Um bom texto é fundamental no jornalismo. O jornalista que não escreve bem e não sabe usar as palavras é como o pintor que não domina o pincel e as tintas ou a cozinheira que não tem intimidade com o fogão e os temperos. Sem um bom texto, não se pode exercer bem a profissão. Jornalista que não escreve bem, no máximo, é um profissional capenga.

Mas o que é escrever bem? Não é fácil responder a essa pergunta. No entanto, quando lemos um texto bem escrito, somos capazes de dizer que estamos diante de um bom texto. E, ao contrário, quando lemos algo mal escrito, sabemos que não vale grande coisa. É o que ocorre quando provamos uma comida saborosa ou nos emocionamos diante de um quadro. Podemos não ter explicação para o que sentimos, mas não temos dúvida do que sentimos.

---

*Boa parte deste capítulo foi escrita com base em palestra dada para estudantes de jornalismo na UniverCidade, no Rio de Janeiro, em 1997, publicada depois como artigo no livro *Lições de jornalismo 2*.

Ler muito para escrever bem

Talvez haja regras para textos de fino trato, mas não as conheço nem saberia identificá-las. Prefiro ficar com a sensação de que um bom texto é algo intangível, que não cabe em padrões. É algo mágico, mas de um tipo de mágica que está ao alcance de qualquer um. A Cabala, ramo místico do judaísmo, acreditava que cada uma das 22 letras do alfabeto hebraico era um anjo. Assim, a palavra escrita nada mais seria do que uma determinada reunião de anjos, e um livro só nos emocionaria e nos diria algo se os anjos, reunidos de determinada forma, nos falassem por meio dele. O bom texto, portanto, seria fruto de uma mágica, de um milagre. Já no mau texto, os anjos não se entenderiam, brigariam entre si e, por isso, não chegariam à alma do leitor. Estariam certos os cabalistas? Não sei. Mas, como entendiam de anjos, números e livros como poucos, é possível que tivessem alguma dose de razão. A palavra escrita é mesmo misteriosa.

Mas o que faz que uma pessoa escreva bem? Embora, nesse caso também não haja regras, o fundamental, sem dúvida, é ler – ler muito, ler de tudo, ler o tempo todo. É indispensável ler bons livros, de autores que realmente escrevem bem, mas vale a pena ler também o que é ruim ou não tem importância, ler revistas em quadrinhos, fotonovelas, bula de remédio, teses acadêmicas, *outdoors* – em suma, tudo.

Ler muito, sem roteiros predeterminados, pelo menos até uma certa altura da vida, é crucial para desenvolver o prazer da leitura, o espírito crítico, o vocabulário, e ganhar intimidade com as imagens, com o som das palavras e com o ritmo das frases. Do prazer da leitura é que nasce o prazer da escrita.

A leitura é uma dimensão da vida, é uma forma de se comunicar com o mundo. O estudante de jornalismo que não gosta de ler e escrever está escolhendo a profissão errada. Porque esta é uma profissão em que as pessoas têm de gostar de ler e de escrever.

Ler os clássicos e ler o que sai do forno

A leitura dos clássicos é fundamental, não porque alguém tenha dito que tal ou qual livro é imprescindível, mas porque eles são realmente muito bons. E, sendo muito bons e, ao mesmo tempo, permanentes, são chaves que nos dão acesso aos tesouros culturais da nossa civilização.

Há algum tempo a revista inglesa *The Economist* – uma revista extraordinariamente bem escrita, nem parece especializada em economia – informou sobre o resultado de uma pesquisa feita pela Universidade de

Harvard entre seus ex-alunos, formados há trinta ou quarenta anos, hoje ocupando lugares de destaque nos Estados Unidos e no mundo: banqueiros, empresários, advogados, políticos, economistas, diplomatas, jornalistas etc. A pergunta básica era: por que Harvard fora importante para eles?

Os pesquisadores imaginavam que as respostas mais frequentes se refeririam aos excelentes professores, às instalações da universidade, ao convívio com colegas brilhantes ou à abertura de relações que se revelaram importantes para a vida profissional posterior. Para surpresa geral, no entanto, cerca de 30% dos entrevistados disseram que o que mais lhes havia marcado em Harvard fora a leitura dos clássicos. Na universidade, haviam despertado para a leitura de autores como Homero, Shakespeare, Cervantes, Goethe, Balzac e Dickens, e essa descoberta marcara suas vidas, tornando-os herdeiros de símbolos, mitos, inteligências e imaginações profundamente entranhados em nossa cultura e civilização. E essa herança fora assimilada por uma atividade prazerosa: a leitura de histórias muito bem contadas nos clássicos da literatura mundial.

> *No nosso caso, temos direito a um prazer extra: a leitura dos clássicos da literatura escrita em língua portuguesa. Ler Machado de Assis, José de Alencar, Graciliano Ramos, Guimarães Rosa, Lima Barreto, Jorge Amado, Carlos Drummond de Andrade, ou Camões, Eça de Queiroz, Fernando Pessoa, Miguel Torga, José Saramago, ou ainda Hélder Macedo, Pepetela e Mia Couto, entre os africanos, abre-nos as portas não só do nosso idioma, mas da nossa cultura específica. Somos herdeiros do mundo, é verdade, mas também somos herdeiros de um pequeno quintal, do qual não devemos abrir mão. "Minha pátria é a língua portuguesa", dizia Pessoa, e podemos dizer o mesmo com ele.*

Mas, se ler os clássicos é indispensável, nem por isso se deve deixar de ler o que é novo, está saindo do forno e fala sobre o mundo atual (ou sobre o mundo antigo mas com um olhar atual). Não vivemos no passado, mas em um mundo em permanente e vertiginosa transformação. Ler, ler e ler – é assim que criamos intimidade literária com o mundo, com a cultura, com a palavra. Ler muito é o primeiro passo para escrever bem.

Ler para perguntar

Cada um lê do seu jeito. Para Flaubert, o homem lia para viver. Já Kafka, que tinha alma de jornalista, dizia que o homem lia para fazer perguntas. E chegamos, assim, a outra característica de um bom texto jornalístico: é um texto escrito por alguém que faz perguntas.

O jornalista é, basicamente, um curioso, um sujeito que desconfia, um profissional que duvida do que lhe está sendo dito ou apresentado como a verdade absoluta. Quem tem o hábito de se contentar com a primeira versão ou com a versão oficial, tem de mudar de hábito se quiser ser um bom jornalista.

No fundo, fazer perguntas é uma forma de ler ou, como sugeriu Kafka, é a forma mais plena de ler. Por isso mesmo, o bom jornalista não se contenta apenas em ler o que está escrito, mas busca ler nas entrelinhas, ler o que não está nas palavras e, muitas vezes, está escondido pelas palavras. A palavra sempre esconde mais do que revela. Daí a importância de enxergar o não escrito escondido no escrito, o não dito camuflado no dito. Parece complicado, mas não é. Trata-se apenas de uma habilidade específica. Depois de adquirida, é possível exercê-la sem maiores esforços.

AS LINGUAGENS NÃO FALADAS

Há ainda uma terceira leitura indispensável ao bom jornalista: a das linguagens que não se expressam em palavras. A mãe entende o que seu bebê deseja ou sente, embora ele não fale. Mas, pela sua expressão, pelo seu jeito, pelo seu cheiro, pelo seu choro etc., ela sabe se ele está bem, se sente fome, se sujou as fraldas ou se dormiu pouco. Trata-se de uma linguagem que não é falada, não é escrita, mas, mesmo assim, cumpre seu papel: comunica. Um pescador também sabe quando a maré vai mudar, se o vento vai virar, ou se a temperatura da água está para se alterar. Um amante aprende a ler os sinais de sua amada, sem que ela tenha de falar com todas as letras o que deseja. Evidentemente, para isso, o amante precisa ter olhos para a amada, o pescador deve estar atento à natureza, a mãe tem de estar vivendo intensamente a relação com seu bebê.

Um bom jornalista precisa interessar-se de forma permanente pelas linguagens não escritas e não faladas. Um repórter, ao entrevistar um político ou um banqueiro, não deve se limitar a recolher suas declarações. Tão importante ou mais importante do que o que disse o entrevistado é como ele disse, se se exprimiu com arrogância, sinceridade, raiva, insegurança ou malícia. Se o repórter, ao ouvir a declaração de um ministro, teve a sensação de que ele não estava sendo sincero ou a certeza de que ele não dominava o assunto sobre o qual discorria, deve encontrar um jeito de transmitir essas informações ao leitor.

A linguagem não falada costuma vazar por onde menos se espera. Às vezes ela revela apenas um fato pitoresco ou saboroso, mas quem disse que não há informação em episódios prosaicos?

> *Há pouco tempo, na inauguração de uma obra, o presidente Lula, depois de chupar uma bala, discretamente, como quem não quer nada, jogou o papel no chão, atrás da cadeira em que estava sentado. A foto saiu em alguns jornais. Houve quem achasse que a imprensa estava de marcação com Lula. Minha opinião é outra: presidentes são símbolos e funcionam como exemplos. Suas pequenas escorregadas devem chegar ao conhecimento dos leitores, da mesma forma que seus gestos positivos. Outro exemplo: Fernando Henrique compareceu ao velório de Ayrton Senna de terno bege-claro, quando a Nação inteira estava de luto. Foi uma falha grave? Evidente que não. Mas de um presidente que se preocupava em usar meias de cano longo para não mostrar as canelas quando, ao sentar-se, a barra da calça subia, não se esperava uma gafe como essa.*

Às vezes, entretanto, as linguagens não faladas revelam mais do que um detalhe pitoresco ou uma derrapada localizada de um político. Podem dizer mais sobre uma determinada situação do que mil declarações ou uma enxurrada de dados. Desde que haja no local um repórter capaz de enxergar além do óbvio, vendo as coisas por outros ângulos ou, inclusive, pelo avesso.

> *Em junho de 1994, pouco depois de ter sido lançado candidato a presidente da República, Fernando Henrique foi a Juazeiro do Norte, no Ceará, terra do Padre Cícero, em seu primeiro compromisso de campanha. Mais tarde, ele ganharia desenvoltura na caça ao voto, comendo buchada de bode e montando em jegue, mas, naquele momento, ainda estava pouquíssimo à vontade no papel de candidato. Não sabia onde meter as mãos, entrou em pânico ao topar com um pedinte em cadeira de rodas e usou palavras como "simbiose" ao falar para a população local. Decididamente, no sertão do Cariri, o "Príncipe da Sociologia" era um peixe fora d'água.*
>
> *Na época, eu trabalhava em* O Globo *e, de alguma forma, tentei passar essa percepção para o leitor. Mas não cheguei nem perto da observação de Dora Kramer, então repórter do* Jornal do Brasil, *em sua matéria do dia seguinte: "Fernando Henrique bem que se esforçou — fez sinal da cruz e declarou-se 'homem de fé' —, mas ainda não conseguiu desencarnar do estilo intelectual sofisticado. Sapatos mocassim tipo italiano no exato tom do cinto que sustentava as calças verdes combinando com a camisa esporte salmão-claro, Fernando Henrique era um ser evidentemente constrangido entre os devotos do Padim Ciço".*
>
> *Não resisto a contar outra história de campanha de Fernando Henrique. Um mês depois, em um comício em Juazeiro — nesse caso, Juazeiro da Bahia, às margens do São Francisco —, o tucano, que continuava falando enrolado, saiu-se com esta em cima do palanque: "Durante a ditadura militar, sofri muito. Fui perseguido, fui preso, perdi a cátedra...". E seguiu em frente.*

Em uma das primeiras filas da multidão, um sertanejo, chocado, comentou com outro: "Acontece cada coisa com um homem na prisão". Para ele, perder a cátedra na cadeia deveria ser algo muito mais grave do que deixar de dar aulas na Universidade de São Paulo. Fernando Henrique continuava usando mocassins italianos no chão pedregoso do sertão.

Repórteres que cobrem durante muito tempo determinadas áreas, como o Palácio do Planalto, a Câmara e o Senado, os chamados setoristas, acabam conhecendo bastante bem os hábitos, as características, os cacoetes e os humores das principais autoridades e personalidades que são notícia naquele pedaço do mundo político. Se estiverem atentos, serão capazes de perceber que o ministro fulano anda irritado, que o senador beltrano não esconde o incômodo com perguntas sobre determinado assunto ou que o deputado sicrano anda com bafo de álcool às três horas da tarde. Essas informações podem ser bons pontos de partida para uma reportagem. Dependendo das circunstâncias, podem virar a própria reportagem.

Tancredo Neves costumava morder a ponta da gravata quando se irritava com o interlocutor. O general João Batista Figueiredo era mais óbvio: elevava a voz. Já Paulo Maluf levanta o queixo, em uma postura desafiadora. Marco Maciel, quando fica nervoso, põe-se a mastigar pedaços de gelo. José Sarney tem uma reação alérgica, com manchas vermelhas que começam pelo nariz e espalham-se pelo rosto. Fernando Henrique passa a falar mais rápido e mais fino, exatamente como fazia o Viajando Henrique Cardoso do Casseta e Planeta. Ulysses Guimarães costumava fechar os olhos antes de responder a uma pergunta embaraçosa. Lula coça a barba quando o assunto o incomoda.

CUIDADO COM O LIDE

Bons textos jornalísticos não precisam necessariamente de um lide (aqueles cinco w e um H: who? (quem?), what? (o quê?), where? (onde?), why? (por quê?), when? (quando?) e how? (como). O lide clássico deve responder a essas seis perguntas). Ele é apenas uma possibilidade, não uma camisa de força. Com frequência lemos matérias excepcionais que não têm lide, e, com mais frequência ainda, matérias chatíssimas que trazem logo no início as respostas para os cinco w e um H. Por isso mesmo, atenção com lide. Ele não passa de uma técnica para evitar o insuportável nariz de cera da imprensa tradicional, que, em vez de dar a notícia logo ao leitor, adiava-a por quatro ou cinco parágrafos de subliteratura. Em vez de informar, por exemplo, que fulano de tal fora atropelado, dava voltas e mais voltas antes de chegar ao fato. Mais ou menos assim:

"Já de há muito, este vespertino vem alertando as autoridades sobre o mau estado das vias públicas, que colocam em risco a vida de pedestres e motoristas. Ontem mesmo, em frente ao Passeio Público, ocorreu mais um acidente..."

O lide nasceu, portanto, como uma reação saudável à monumental chatice do nariz de cera, embora há quem diga que ele foi uma imposição industrial. Os anúncios entravam tarde nas páginas, obrigando os editores a cortar matérias sem muito critério – em geral pelo pé. Como muitas vezes a informação relevante estava no fim do texto, perdia-se o mais importante. Para superar isso, o essencial subiu para a cabeça da matéria.

O lide tem um grande mérito: organiza a informação. O lide tem um grande defeito: padroniza o estilo. O ideal é informar com um texto que seja o mais agradável possível, que agarre o leitor e faça-o se interessar pela matéria, pouco importando a que técnica jornalística ela obedece. O que prende mais a atenção do leitor e informa-o melhor?

a) uma notícia que comece assim: "Cerca de 250 pessoas morreram ontem na costa oriental da Guatemala, depois da passagem do furacão Flora, que varreu a região com ventos de mais de 150 km por hora, deixando aproximadamente 50 mil desabrigados"?

b) ou outra que comece assim: "Maria Alonso passou a tarde de ontem procurando seus dois filhos, desaparecidos depois que o furacão Flora passou pela costa oriental da Guatemala, com ventos de mais de 150 km por hora. Sua busca terminou no começo da noite, quando os bombeiros encontraram os corpos das crianças, soterrados nos escombros da pequena escola de San Cristobal. Ao reconhecer os filhos, Maria olhou para o céu etc."?

É evidente que o segundo texto atrai mais o leitor. Nele há um personagem, há um drama humano, há sentimentos. A matéria não está falando sobre 250 mortos anônimos, mas sobre alguém individualizado, com quem o leitor pode se identificar e cuja tragédia pode sentir como sua. E, se isso ocorrer, mesmo que a matéria tenha duzentas linhas, o leitor irá até o final.

Matérias não são chatas ou atraentes porque são grandes ou curtas, mas porque são mal ou bem escritas ou porque versam sobre assuntos desinteressantes ou interessantes. Quando lemos um texto que nos atrai ou no qual nos reconhecemos, independentemente do seu tamanho, ele se torna importante para nós.

Mas será que todas as matérias de jornal precisam contar a história de alguém, ter personagens, trazer diálogos saborosos? É claro que não. Se a

Prefeitura decidiu ontem que o carnê do IPTU será enviado para os moradores na próxima quarta-feira, dificilmente a matéria irá além disso, embora um bom repórter possa descobrir, por exemplo, que, no ano passado, a Prefeitura não cumpriu os prazos de entrega dos carnês, causando grande transtorno aos contribuintes. Ou seja, o bom repórter pode agregar uma informação que não é óbvia – e é importante – para o leitor. Mas, mesmo assim, provavelmente a matéria em questão não terá como fugir ao feijão com arroz.

De qualquer forma, na maioria dos casos, as matérias acabam obedecendo à forma tradicional, recorrendo ao velho e bom (ou mau) lide. Não há estatísticas sobre o assunto, mas é possível que apenas uma em cada três ou quatro matérias nos dê a oportunidade de fazer algo que vá além do trivial. É pouco? Nem tanto, desde que o repórter não desperdice a oportunidade. Quem procura sair da mesmice, quem sempre corre atrás da novidade, quem está de modo permanente na ponta dos cascos, tem sempre mais chances de fazer algo interessante do que o profissional acomodado com a rotina do dia a dia.

SEMPRE ALERTA

É impossível saber de antemão quando essa oportunidade vai aparecer. Mas o repórter inquieto, que está sempre se perguntando se não há uma forma mais interessante de escrever e de ler uma notícia do que pela cantilena dos cinco w e do h, encontrará oportunidades que outros não perceberão. Nesse sentido, o jornalismo pode ser uma atividade fascinante ou aborrecidíssima. Depende da atitude de cada um.

Fascinante é poder lidar com assuntos novos e ser capaz de se renovar, de não se conformar com as fórmulas batidas de sempre. O importante não é escrever de acordo com os manuais de redação ou com o padrão de determinado editor, mas sim do jeito que agarre o leitor e transmita melhor a informação.

> *Quem perder isso de vista estará derrotado de antemão na batalha diária que se trava entre a notícia e a rotina, entre a inovação e a regra, entre o talento e a burocracia na imprensa. Digo isso sem preconceito: bons jornais são feitos de uma combinação adequada de talento e organização. Sem talento, o jornal é um purgante. Sem organização, o jornal não sai, quebra e vamos todos para o olho da rua.*

JORNALISTAS E ESCRITORES

Jornalistas devem escrever bem, mas não são escritores. Longe disso. Somos parentes próximos de novelistas, romancistas, contistas e poetas.

Trabalhamos com a mesma matéria-prima: a vida. Usamos as mesmas ferramentas: as palavras. Mas estamos presos a uma dimensão de tempo diferente. Isso é crucial. A matéria-prima dos jornalistas é a vida, mas uma vida que amanhã não existe mais, pelo menos do jeito que está sendo contada hoje. A notícia que saiu hoje no jornal amanhã já estará embrulhando peixe, já terá ido para o lixo. O jornalista, portanto, lida com algo que é efêmero em sua manifestação, acaba logo e está prestes a ser superado. Já romancistas, poetas, novelistas trabalham com um barro bem mais duradouro, que não desaparece no dia seguinte e, às vezes, atravessa décadas ou séculos.

No fundo, nós, jornalistas, lidamos com os fatos da vida dos indivíduos, com o que afeta seu cotidiano, enquanto os escritores tratam dos fatos, das angústias e dos problemas das sociedades que vivem longos períodos. A humanidade mede-se por séculos e séculos; o homem, como indivíduo, contenta-se com o dia, com a semana, vá lá, com o mês.

Assim, o jornalismo é uma atividade vinculada ao dia a dia das pessoas, o que lhe dá a possibilidade de captar, antes de qualquer atividade, o que é novo no mundo. É isso que é fascinante no jornalismo. Por que, então, soterrar o que ele tem de mais interessante debaixo da rotina e da mesmice, inclusive de textos previsíveis e fossilizados?

LITERATICE E INVENCIONICE

O desafio de procurar escrever bem, no caso do jornalismo, apresenta dois grandes perigos.

A literatice é o primeiro. O jornalista esquece-se do leitor e da notícia, entra em delírio criativo, fica embevecido com seu texto e acaba fazendo literatura de má qualidade. O pior é que, em geral, o sujeito acha que o texto está ótimo, quando não passa de uma porcaria impublicável. A literatice produz situações constrangedoras em um jornal. É terrível dizer a alguém que se expôs e está esperando um elogio que seu trabalho está horrível e só merece a lata de lixo. Mas isso tem de ser dito – e nos jornais, felizmente, costuma ser dito. É melhor magoar o repórter do que aborrecer o leitor.

O segundo perigo é a invencionice. Há repórteres que, no afã de tornar a matéria mais interessante, acrescentam detalhes, produzem frases e carregam nas tintas de tal forma que a realidade acaba substituída pela ficção. Cuidado e pé no chão. Jornalistas dão notícias, relatam fatos que aconteceram; não inventam.

Vale a pena lembrar dois casos famosos ocorridos na imprensa norte-americana. O primeiro no Washington Post, *em 1980, alguns anos depois das reportagens do caso Watergate, que demoliram o governo Nixon e marcaram época nos Estados Unidos. O jornal publicou uma reportagem sobre "Jimmy", um menino de apenas oito anos viciado em heroína. Ela estava tão bem escrita e fazia uma descrição tão devastadora das condições de vida nos bairros pobres de Washington, que causou comoção nos Estados Unidos e valeu à autora, Janet Cooke, o Prêmio Pulitzer, o mais importante do jornalismo americano. Mais tarde, descobriu-se que a história não era verdadeira. Fora simplesmente inventada pela repórter. Janet foi demitida, o jornal teve de desculpar-se com seus leitores e o prêmio foi devolvido.*

Em 2003, o The New York Times *passou por drama semelhante. Reconheceu publicamente que a maioria das matérias de um de seus mais importantes repórteres, Jayson Blair, continham plágios, falsificações e invenções. Blair foi demitido, o editor-executivo e o secretário de redação afastaram-se de seus cargos e o jornal anunciou uma mudança profunda nas regras de apuração e controle das reportagens.*

Evidentemente, esses exemplos referem-se a casos extremos, mas, em doses menores, a invencionice é um pecado bastante corriqueiro nas redações. Mas nem o risco da literatice nem o da invencionice devem servir de pretexto para que o jornalista se recuse a aceitar o desafio de tentar escrever bem. Com autocrítica e ética, são perfeitamente superáveis.

Escrever com paixão, escrever para o leitor

Um bom texto jornalístico depende também de algo que não existe aos potes: paixão pela profissão. Já dizia Nelson Rodrigues que, sem alma, não se chupa nem um Chicabon. Sem paixão pela profissão, sem gosto pela notícia, sem respeito pelo leitor, é impossível escrever bem. Se você tiver paixão pela profissão, se tiver gosto pela leitura e nunca parar de ler, se estiver impregnado de uma curiosidade genuína diante da vida, se estiver acostumado a apurar os fatos com um olho na missa e outro no padre, se estiver disposto a correr riscos para sair da mesmice, você terá boas chances, então, de ser um bom repórter e de escrever bem. Terá, então, seu estilo e deixará sua impressão digital no que escreve.

Mas é bom nunca perder de vista que não escrevemos para nós mesmos, mas para informar o leitor, o telespectador ou o ouvinte. Ou seja, devemos evitar os chavões, explicar os termos técnicos e, em especial, mostrar como as decisões políticas afetam a vida das pessoas. Por exemplo, se estamos cobrindo a votação no Congresso da reforma da Previdência, o mais relevante não é mostrar a incoerência desse ou daquele partido político ou a divisão da base governista em um determinado ponto. Embora essas informações devam fazer parte da matéria, é claro, o mais importante é dar elementos para que as pessoas entendam o que muda nas regras das aposentadorias e pensões e qual o impacto dessas alterações na vida delas.

O texto para TV

Textos para jornal e para televisão são diferentes. A diferença mais óbvia é que o primeiro é escrito e será lido, ao passo que o segundo é falado e será ouvido. Em um texto para jornal, escreve-se, por exemplo: "A Presidência da República informou que, embora haja consenso sobre o conteúdo do projeto de emenda constitucional a ser enviado ao Congresso Nacional nos próximos dias, o texto ainda será submetido à Subchefia de Assuntos Jurídicos da Casa Civil, que deverá depurá-lo de eventuais brechas legais que permitam aos empresários recorrer à Justiça contra a cobrança do novo imposto".

Na TV, o texto deve ser mais direto, simples, coloquial. Por exemplo: "O projeto de emenda constitucional está praticamente pronto. Deve ser enviado ao Congresso nos próximos dias. Mas antes vai ser examinado com lupa pelos juristas do Palácio do Planalto. O governo quer tapar todas as brechas legais, para evitar uma guerra nos tribunais com os empresários por causa do novo imposto".

A segunda diferença entre o texto para jornal e para TV é que, no jornal, o leitor pode voltar sobre o próprio texto, relendo-o e retornando uma informação no primeiro ou no segundo parágrafo se algo no terceiro ou no quarto chamou-lhe a atenção para ela. Em suma, o texto permanece disponível na íntegra para o leitor. Já o texto de televisão é volátil: o que passou, passou. O telespectador não tem como zapear para trás, retornando, digamos, trinta segundos, para conferir uma determinada informação na matéria. A reportagem depende da memória e da atenção do telespectador e, por tabela, do ambiente que se criou entre ela e ele.

> *Quando comecei a fazer reportagens para vídeo, recebi um conselho de Tonico Ferreira, que chefiava então a sucursal em Brasília do SBT. Tonico, como eu, vinha da imprensa escrita, embora já fosse naquela época um experiente profissional de TV, conhecendo bem as dificuldades de quem transita de uma mídia para outra.*

– Uma ideia por reportagem; na TV, a gente tem de se concentrar em uma ideia. Tudo deve estar a serviço dela, reforçá-la, consolidá-la. Se você tentar passar ideias demais, deixará o telespectador confuso. E não ache que uma ideia só é pouco. Bem transmitida, é muito. Mas você não pode errar. A ideia escolhida tem de ser a mais importante.

Quinze anos depois, com muitas idas e vindas entre jornais impressos e TV, ainda estou em trânsito entre as duas mídias. Mas posso garantir que Tonico tinha toda razão. Na reportagem de TV, aposte em uma ideia só. E não erre.

Muitos profissionais da imprensa escrita têm preconceito contra a televisão. Dizem que "jornalismo de TV é superficial". Também já tive esse preconceito, admito – e estava errado. Hoje, eu diria que "o jornalismo de TV tem de ser essencial". Ou seja, o repórter está obrigado a capturar o essencial, e a destacá-lo claramente do restante. Não pode errar e tampouco apostar em várias alternativas, transformando a matéria em uma salada. O que é apenas importante tem de estar a serviço do que é muito mais importante, e jamais disputar o pódio com ele. Lembre-se de que o telespectador não tem como voltar sobre a sua matéria para tirar dúvidas e fazer comparações. Ele depende da sua escolha.

A terceira grande diferença entre o texto de jornal e o de TV é que este último apoia-se em imagens. O repórter não é obrigado a transmitir tantas informações no texto como na imprensa escrita. Boa parte delas chega ao telespectador por imagens. Cabe ao texto chamar a atenção para elas, situá-las ou decodificá-las. Há matérias em que as informações mais importantes não estão no que o repórter narra ou diz, mas nas imagens feitas pelo repórter cinematográfico. Nesse caso, passe para o segundo plano e deixe as imagens falarem mais alto.

SEU CORPO TAMBÉM FALA

A própria intervenção do repórter pode ser mais ampla em uma matéria de TV do que em um jornal. Além da palavra propriamente dita, ele conta com outros recursos valiosíssimos que lhe permitem enfatizar, suavizar, relativizar ou mesmo colocar em dúvida o que foi dito; em alguns casos, permitem-lhe até transmitir o que não convém dizer com todas as letras. Isso vale tanto para as passagens e *stand-ups*, em que o repórter aparece no vídeo, como para os *offs*, em que o áudio é coberto por imagens da reportagem.

Comecemos pelo recurso mais óbvio: o timbre de voz. Podemos transmitir dezenas de sensações, percepções e, inclusive, informações por meio dele: nervosismo, tensão, relaxamento, indignação, incredulidade, repulsa, admiração, rotina, compreensão, solidariedade, enfado etc. Se o repórter está cobrindo, por exemplo, uma tragédia, tem a possibilidade de passar para o telespectador sua emoção diante da dor das pessoas. É bom não carregar nas tintas – o telespectador tem um faro aguçado para reconhecer encenações. Mas se o sentimento do profissional for genuíno, ele será compartilhado por quem o ouve e vê, e a reportagem ganhará força e credibilidade. Isso também vale para a expressão corporal e facial e para os gestos. O repórter pode, ainda, transmitir, reforçar ou atenuar a informação com o movimento das mãos, dos olhos, da boca, do conjunto do rosto. Quando alguém nos pergunta se gostamos de um filme, dificilmente respondemos apenas com palavras. Tendemos a reforçar a resposta ou matizá-la com gestos e expressões. Às vezes, respondemos até sem palavras. Dentro de certos limites, o repórter na televisão pode fazer a mesma coisa, reforçando, suavizando ou dando nuances ao texto.

> *Digamos que um determinado político deu uma declaração que, apesar de absolutamente estapafúrdia, deve entrar na matéria. Como repórter, não lhe cabe comentá-la, mas você poderá de modo sutil, com um leve movimento do rosto ou apenas das sobrancelhas, transmitir uma faísca de dúvida ao telespectador. Dizem os chineses que um retrato vale dez mil palavras. Na TV, um leve brilho nos olhos ou um centésimo de sorriso nos lábios pode ter mais impacto do que uma tremenda catilinária. Mas cuidado com o exagero. Se você passar do ponto, pode ficar ridículo.*

Essa recomendação vale mais ainda quando o repórter está no estúdio e não na rua. De uma forma ou de outra, na rua, estamos em ambientes que passam várias informações simultaneamente para o telespectador. Dividimos a tela com outras pessoas, símbolos, sons, movimentos etc. Nós mesmos podemos estar nos movimentando, apontando para algo, chamando a atenção para alguém ou para algum acontecimento. Além disso, em geral o plano usado pelos cinegrafistas é razoavelmente aberto. No máximo, colhe o repórter da cintura para cima – o chamado plano americano. Ou seja, na rua, o impacto da expressão corporal e facial tende a ser atenuado, pois há outras informações visuais e sonoras disputando a atenção do telespectador.

No estúdio, ocorre exatamente o contrário. Tudo que fazemos é magnificado. Estamos em um ambiente tranquilo e limpo. O cenário é bem iluminado e despojado, e o áudio não tem ruídos. Ou seja, praticamente não há informação secundária disputando a atenção do telespectador. Tudo converge para o apresentador, para o comentarista, ou para o repórter e o entrevistado. E como os planos fechados são comuns, a expressão facial e os gestos têm mais peso do que na rua. Um movimento de mão que, no plenário da Câmara, mal é percebido, em um estúdio pode ser visto como um gesto brusco. Um timbre de voz aguerrido, que soa normal em uma entrevista coletiva no Palácio do Planalto, tende a parecer excessivo em uma conversa a dois em um estúdio.

Por isso mesmo, no estúdio, é bom evitar gestos muito largos ou abruptos, movimentos de rosto, de olhos ou de boca pronunciados, e tons de voz elevados. Na dúvida, jogue para baixo, suavize, seja moderado. Tende a funcionar mais.

> *Quando comecei a fazer comentários em estúdio, Renato Machado, editor e apresentador do "Bom dia, Brasil", deu-me uma dica preciosa que aprendera no serviço de rádio da BBC, em Londres: "Talk to the mike" – "converse com o microfone". Pode parecer meio maluco, mas é exatamente isso que se deve fazer em um estúdio de TV: conversar com a câmera, como se ela fosse uma pessoa, olhando nos olhos dela.*

TEXTO PARA RÁDIO

O texto para rádio, de certa forma, fica a meio caminho entre o texto de jornal e o de televisão. Não se pode recorrer aos recursos da imagem e à expressão corporal ou facial, como na TV, mas tudo que já se disse sobre as possibilidades do uso da voz vale também para o rádio. Até mais: como não há imagens, a atenção do ouvinte concentra-se essencialmente na fala. Assim, a forma como se fala adquire uma relevância maior ainda do que na TV.

Além disso, de todos os meios de comunicação, o rádio é o mais solto, direto e coloquial. Basta lembrar que os homens aprenderam a falar antes de escrever – e muito antes de produzir imagens. Por isso mesmo, nunca desperdice o que é o maior trunfo da reportagem ou do comentário no rádio: a espontaneidade. Não proclame, não discurse, não seja solene. Converse com o ouvinte. Ou "converse com o microfone", seguindo a dica do pessoal da BBC.

E como o tempo no rádio não é um bem tão escasso como na TV e as matérias são muitas vezes maiores, o repórter pode ter uma participação mais ampla e uma intervenção mais pessoal do que em qualquer outro meio de comunicação. Em nenhuma outra mídia o repórter é tão dono da sua matéria como no rádio. Aproveite.

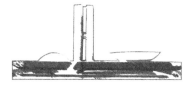

Com o coração nos lábios e uma ideia na cabeça
(estudo de caso)

De início, pensei em apresentar como estudo de caso de cobertura política a briga entre Antônio Carlos Magalhães e Jáder Barbalho, que culminou com a renúncia de ambos ao Senado, no final do segundo governo Fernando Henrique. Marcado por bravatas na tribuna, articulações nos bastidores e reviravoltas frequentes, o embate entre os dois caciques é um prato cheio para estudar os alcances e os limites do jogo político. Mas acabei abandonando a ideia. Mal ou bem, o duelo entre ACM e Jáder não passou de um episódio menor na vida nacional – muita espuma para pouco chope. Assim, resolvi distribuí-lo ao longo do capítulo "O dia a dia do jornalismo político", usando-o aqui e ali como exemplo de aplicação de alguns princípios da cobertura política.

Pesou também o fato de que cheguei à conclusão de que poderia aproveitar o estudo de caso para estimular estudantes e jovens repórteres a lerem algo sobre o Zé do Pato, um homem tumultuado, apaixonado e contraditório, e um dos maiores jornalistas que este país já conheceu.

Nunca o viu mais gordo? É compreensível. Ele só era chamado de Zé do Pato pelo povo. Nos livros, ficou mais conhecido como José do Patrocínio. Continua boiando? Também nunca ouviu falar de Patrocínio? Rapaz, você está precisando ler mais. Ah, tem uma vaga ideia de que ele tem algo a ver com a campanha abolicionista? Já é um bom ponto de partida, garoto. Seja como for, vamos conhecer o Zé do Pato. Vale a pena.

Um homem de fronteira

José Carlos do Patrocínio nasceu em 1854, em Campos (RJ), na época um dos principais redutos dos grandes proprietários de escravos. Filho natural do padre João Carlos Monteiro, branco, e da quitandeira Justina Maria do Espírito Santo, negra, passou a infância na fazenda do pai, que nunca o reconheceu. Adolescente, foi sozinho para o Rio, onde, trabalhando como servente de pedreiro, pagou seus estudos em Farmácia. Mas não chegou a aviar receitas e manipular remédios. Aos 21 anos, descobriu sua vocação, o jornalismo, ao colaborar em um quinzenário satírico.

Dois anos mais tarde, entrou para a *Gazeta de Notícias*, jornal influente, no qual passou a assinar a coluna "Semana Parlamentar". Aos 25 anos, associou sua vida à causa da libertação dos escravos. A partir daí, como jornalista, orador, poeta, dramaturgo e vereador, tudo que pensou, escreveu, falou e fez teve um só objetivo: acabar com a escravidão no país. Junto com Joaquim Nabuco e André Rebouças, foi um dos fundadores, em 1882, da Confederação Abolicionista.

Para conhecer a campanha abolicionista que comoveu o país no fim do Império, nada melhor do que ler os artigos de José do Patrocínio. Durante quase uma década, escrevendo na *Gazeta de Notícias*, na *Gazeta da Tarde* e no *Cidade do Rio*, Patrocínio produziu algumas das páginas mais contundentes da imprensa brasileira contra a escravidão. Foi um tremendo jornalista, que aliava indignação e paixão à análise política.

Era um homem de fronteira entre dois mundos, de acordo com a interessantíssima observação do historiador José Murilo de Carvalho.

> Foi um homem complexo que viveu na fronteira de mundos distintos, se não conflitivos. A começar pela fronteira étnica: pai branco, mãe negra, um mulato, como se dizia na época, cor de tijolo queimado, em sua própria definição. Depois, a fronteira civil: mãe escrava, pai senhor de escravos e escravas. A fronteira do estigma social, a seguir: oficialmente registrado como exposto, só mais tarde constando o nome da mãe, nunca legalmente reconhecido pelo pai. Mais: a fronteira entre o mundo interiorano em que se criou e viveu até os 15 anos e o mundo da corte em que exerceu a atividade profissional e política. Ainda: a fronteira intelectual de uma formação superior mas de baixo prestígio, a de farmacêutico, convivendo com a formação dos bacharéis em direito, medicina e engenharia. Por fim, a fronteira entre o reformismo e o radicalismo políticos.

COM A ALMA NA PENA

De Patrocínio, dizia-se que escrevia "com o coração nos lábios". Como jornalista, não deixava de ser o tribuno que incendiava multidões. Escrevia como se falasse ao coração dos escravos:

> Manada de negros e mulatos, tu nasceste para ser escravo e para ser soldado. O eito e o Exército é o teu destino. Num, não chegarás a cidadão, no outro não chegarás a oficial.
>
> A tua função histórica há de ser esta unicamente.
>
> Julgas que tens pátria, porque nasceste sob este céu azul? Enganaste. O primeiro que chega pode comprar-te, e surrar-te à vontade. Aí estão o parlamento e a polícia para garantir-lhe a plena posse do teu espírito e do teu corpo.

Escrevia também como se falasse aos corações dos homens e mulheres brancos que não se conformavam com o fato de o Brasil ser uma das últimas Nações do mundo ocidental a conviver com a escravidão:

> A cidade de Campos foi convertida em matadouro de abolicionistas.
>
> A polícia, conivente com os assassinos, esconde-se, até que estes tenham consumado os seus crimes, e em seguida aparece para denunciar à magistratura as vítimas como algozes.

> A magistratura, por sua vez, denuncia ao Governo esses imaginários autores de atentados, louvando a solicitude e o zelo com que a polícia os entrega à sanha do escravagismo assassino.
>
> O presidente do Conselho (de ministros) havia dito: na guerra, como na guerra, e cumpre, pela primeira vez na sua vida, a palavra dada.
>
> Nesta guerra, porém, as forças são desiguais. De um lado estão os abolicionistas, que não têm como armas senão a sua fé na santa causa que defendem e pela qual estão prontos a dar a vida; uma raça acobardada por longos séculos de sofrimento; o terror do povo acostumado a ver subir ao cadafalso, ou ser espingardeado na praça pública, o Direito, ficando o despotismo jubiloso a tripudiar impune sobre o seu cadáver.
>
> De outro lado está o Governo, armado com a venalidade da maior parte, com o desespero da cobiça dos senhores de escravizados, com a falta de escrúpulo de quem se hipotecou ao interesse de uma instituição, que é a nossa vergonha perante o mundo.
>
> Governo da escravidão, o Ministério é a encarnação da barbárie; não trepida em assalariar delatores, como não hesita em proteger assassinos.

Escrevendo e falando "com o coração nos lábios", Patrocínio incendiou a opinião pública progressista do país, desmoralizou o conluio entre a elite política e os grandes proprietários e legitimou a insubordinação e a fuga de escravos. Deu alma à campanha abolicionista, que, aos poucos, foi ganhando apoios por toda parte – na classe média urbana, na intelectualidade, na juventude, na oficialidade do Exército, em setores religiosos – e transformou-se no maior movimento popular que o país conheceu até aquela época. Resultado: em pouco menos de uma década, de 1882 a 1888, os defensores do regime escravocrata, antes hegemônicos na cena política nacional, foram batendo em retirada e acabaram confinados nos *bunkers* políticos conservadores, sem contato com tudo que era dinâmico na sociedade. Quando a princesa Isabel assinou a Lei Áurea, na verdade aboliu a escravidão no plano legal. Politicamente, esta já havia sido varrida do mapa pela vitoriosa campanha abolicionista, que conquistara o coração e a mente da maioria dos brasileiros daquela época.

Agarrando a questão principal

Mas Patrocínio não se limitava a extravasar indignação diante da escravidão e do Império que a sustentava. Não escrevia apenas "com o coração nos lábios". Tinha uma cabeça privilegiada e usava-a para se orientar – e orientar seus leitores – no cipoal da luta política. Impressiona sua capacidade de análise em meio aos vaivéns da campanha abolicionista – de início, uma pregação de ideias em recintos fechados; depois, uma campanha de rua, com comícios, *meetings* e atos públicos envolvendo multidões; ao final, um movimento de insubordinação social que tomou conta do país de Norte a Sul.

É evidente que, em alguns momentos, Patrocínio apoiou propostas que, anos depois, viria a criticar, ou aliou-se a personalidades contra as quais investiria mais tarde, mas oscilações dessa natureza podem ser consideradas normais em processos políticos complexos, de longa duração. O que chama a atenção não é que tenha sido inconsistente ou inconstante em pontos secundários, mas que jamais tenha perdido o rumo nas batalhas decisivas da guerra sem tréguas que moveu contra a escravidão.

Em primeiro lugar, em momento algum Patrocínio confundiu-se a respeito da principal questão a ser resolvida pela sociedade brasileira naquele período. A escravidão, e não a monarquia, era o nó górdio a ser cortado. A emancipação de todos os escravos, sem distinção, e não a República, era a principal meta a ser alcançada, à qual todos os outros propósitos deveriam estar subordinados. Embora ele próprio fosse republicano, não se iludia como muitos daqueles que, em nome da necessidade da mudança da forma de governo, contemporizavam com os interesses dos proprietários de escravos ou aliavam-se a eles. Para os líderes republicanos, a República vinha em primeiro lugar – assim, de certa forma, a bandeira da abolição era um estorvo que dividia as hostes dos que desejavam o fim da monarquia. Para Patrocínio, ao contrário, a abolição era o divisor de águas. Quem estivesse com ela, não importa o partido – liberal, conservador ou republicano –, estava na mesma trincheira. Quem estivesse contra, qualquer que fosse a filiação partidária, era tratado como inimigo.

Olhando retrospectivamente, podemos ver hoje como Patrocínio estava certo e como o Partido Republicano, equivocado na definição da questão principal da luta política naquele período.

Não perdendo de vista os interesses em jogo

A nítida percepção de que, na hierarquia de objetivos, a abolição tinha precedência sobre a República decorria, na verdade, de uma compreensão profunda do entrelaçamento entre a escravidão e a monarquia no Brasil. A escravidão era o alicerce do Império, que se constituíra na prática para defender os interesses dos senhores de escravos. Suprimida uma, o outro iria de roldão. Já o fim da monarquia não levaria necessariamente a mudanças de fundo na questão servil, até porque boa parte das forças agrupadas no Partido Republicano opunha-se à abolição.

Em artigo escrito em agosto de 1882, cerca de seis anos antes da Lei Áurea e sete anos antes da Proclamação da República, Zé do Pato fazia um diagnóstico conciso, certeiro e profético:

> Muito feliz é o Governo do sr. D. Pedro II. É preciso aceitá-lo tal como ele é. O trono do imperador tem como fundamento a escravidão. Não há de resistir-lhe sem morrer.

Nesse trecho mais extenso, de artigo publicado em 19 de setembro de 1885, misturando humor e indignação, descobre traços escravistas em boa parte dos galhos da árvore genealógica da dinastia que dera reis a Portugal e imperadores ao Brasil:

> É sabido que todos os Braganças foram sempre amigos da escravidão, ao ponto de fazerem dela meio de ganhar dinheiro.
>
> Desde D. Pedro II, de Portugal, o moedeiro falso, até Pedro I, do Brasil, a casa do bastardo João IV se desenha na História com a fisionomia de uma família de traficantes. A única exceção é D. José I, porém este, todos sabem, não passou de um jumento manso, em que o marquês de Pombal subiu a montanha da imortalidade, comodamente, como a gente sobe a serra de Sintra em jericos de aluguel.
>
> D. João VI fez do Tratado de 1817 meio de pilhar seiscentas mil libras da Inglaterra; D. Pedro I aconselhava o nosso ministro Brant, junto à corte de Londres, que empregasse todo o esforço para que fosse permitido ao Brasil mais oito anos de tráfico; reinando o sr. D. Pedro II, usufrutuário dos escravos da nação, a mordomia recebia dinheiro e mandava avaliar a liberdade de escravos.
>
> É um fato histórico que a Monarquia só se fundou no Brasil por ser a da escravidão. [...]
>
> Foi, pois, a pele esticada do escravo o tecido de que se fez o manto imperial do Brasil.

Excessos à parte – e em Patrocínio os excessos eram corriqueiros –, o fato é que ele percebeu claramente o estreito imbricamento entre as duas instituições, a escravidão e o Império, e logrou penetrar em seu núcleo com extraordinária agudeza, agarrando firmemente o elo que, ao ser puxado, traria toda a corrente. Foi essa compreensão profunda a respeito da questão principal e dos interesses em jogo que permitiu ao nosso Zé do Pato navegar pelos tumultuados mares da luta política da época sem perder o rumo – pelo menos até certo momento de sua carreira, como veremos adiante.

ENTENDENDO A PERSONALIDADE DOS PRINCIPAIS ATORES

Impressiona também como Patrocínio foi capaz de entender a personalidade dos principais atores em cena na década de 80 do século XIX, o que lhe permitiria, de um lado, driblar as manobras diversionistas do campo escravagista e, de outro, explorar as possibilidades inesperadas que surgiam pelo caminho.

Comecemos pelo mais importante de todos os personagens: o imperador. Intelectual, letrado, aberto para as novidades científicas e tecnológicas de seu tempo, homem de bom coração e, no íntimo, contrário à escravidão, D. Pedro II chegou a ser visto por muitos abolicionistas como um aliado crucial a ser conquistado. Patrocínio não se deixou levar pelas aparências. Para ele, o imperador era o Império, e o Império era a escravidão. Além disso, ao imperador que ascendera ao trono cimentando a coalizão de interesses chefiada pela classe dos grandes proprietários de terras e escravos, faltavam o ímpeto e o vigor para romper com ela no ocaso de seu reinado. Velho, cansado, doente, sem apetite para as grandes batalhas, mais interessado em viajar pelo mundo do que em exercer o poder, Pedro II, no final do Segundo Reinado, havia-se convertido no Pedro Banana, como era chamado pelos humoristas da época – a começar por Ângelo Agostini, caricaturista genial, editor da *Revista Ilustrada*, grande amigo de Patrocínio. Àquela altura do campeonato, de D. Pedro II só viriam protelações, contemporizações e meias medidas – na prática, sobrevida para a escravidão.

Quando o Partido Conservador, inseguro sobre o rumo que tomaria o imperador diante do crescimento do clamor da sociedade pela libertação dos escravos, acusou D. Pedro II de coquetear com o abolicionismo, Patrocínio levantou-se com dez pedras na mão em defesa do abolicionismo – e não em defesa do imperador –, em artigo publicado em 30 de agosto de 1884. Não lhe interessava em hipótese nenhuma que o movimento se atrelasse a uma figura que, em sua opinião, não tinha firmeza para levá-lo até o fim. Daí ser necessário delimitar fronteiras. Afinal, o abolicionismo andava com suas próprias pernas, estava em pleno crescimento e não precisava ser chefiado por quem, na primeira esquina, tenderia a lhe virar as costas:

> Proclamam-no o chefe do abolicionismo. Qual o intuito de semelhante jogo político? Deixando de parte o que vai de injustiça para os poucos homens que iniciaram a campanha atual contra a escravidão, perguntemos aos dous grupos que julgam conveniente trazer para a frente a pessoa do imperador, qual o resultado que desejam tirar?
>
> Os conservadores, acusando o imperador de ser o chefe do abolicionismo e querendo vender esta propaganda, o que pretendem? Conter o imperador nos limites, que eles dizem ser os constitucionais, ou obrigar o imperador a abdicar? Mas o imperador não fez senão usar das suas atribuições constitucionais.
>
> Quando chamou o Ministério Dantas para dirigir os destinos políticos do país, a propaganda abolicionista já havia produzido o Ceará livre, e o Amazonas, ao termo da sua libertação, o Rio Grande do Norte com o município de Mossoró livre, Piauí com o município da Amarração completamente emancipado, e, em contraposição a tudo isso, a efervescência escravagista organizando clubes secretos, assalariando a imprensa, pondo cabeças a prêmio, desterrando magistrados, aplicando a Lei de Lynch* a escravos que assassinavam senhores ou feitores; finalmente, fazendo a mais desbragada oposição à tentativa de libertação do município neutro.**
>
> Negar a pujança de uma tal opinião, que se representava já por uma luta apaixonada em todo o Império, que se cobre hoje de uma rede de associações abolicionistas e de centros de resistência escravagistas, é negar a verdade.

Como Patrocínio previra, durou pouco a simpatia pública do imperador pela causa abolicionista. Pressionado pelos interesses escravocratas, logo dissolveu o Conselho de Ministros, chefiado pelo liberal abolicionista Souza Dantas e entregou o comando do governo ao conservador barão de Cotegipe, cujo programa consistia em resistir com unhas e dentes ao fim da escravidão, inclusive estimulando atentados contra os abolicionistas. Em artigo de 6 de março de 1886, Patrocínio denuncia que Pedro II havia se transformado em um refém dos proprietários de escravos encarnados por Cotegipe:

---

* Lei de Lynch ou linchamento é o assassinato de uma pessoa por uma multidão sem que o acusado tenha direito a defesa num julgamento legal. Há controvérsias, mas a hipótese mais aceita é de que o termo derivou do nome William Lynch, chefe de um grupo de vigilantes no estado da Virgínia (EUA), que, por volta de 1780, praticou em larga escala a execução sumária de suspeitos.

** Município neutro. Assim era chamada no Império a cidade do Rio de Janeiro. O equivalente ao Distrito Federal na República.

Se o imperador não fosse, como é, um liberto com condição de servir à oligarquia dos traficantes de carne humana, revoltar-se-ia contra um ministério, que abusando da fraqueza de um povo e da velhice anêmica de um rei, governa-o com as mãos tintas do sangue, derramado durante as eleições, e se deleita em ostentar a barbaria da classe de que é representante.

Dos ataques a Pedro Banana à aliança com Isabel

Um ano depois, quando o imperador se licencia do cargo e parte em longa viagem a Europa, Patrocínio produz linhas impressionantes, que não só registram a decrepitude física de Pedro II como assinalam a decadência política e moral de um regime paralisado, incapaz de sintonizar-se com o país que buscava novos caminhos:

É muito natural nos reis contarem pelas suas as pulsações do povo. Acreditam que o povo não pode ter necessidades diferentes das suas. Um rei é acometido de diabetes, que lhe vai a pouco e pouco desmemoriando, roubando-lhe a consciência da sua missão. O rei, os membros da sua família, os seus ministros, os seus senadores, os seus deputados, os seus empregados, todo o mundo oficial, finalmente, acredita que o povo está também doente de diabetes e que perde tudo quanto o rei perdeu.

Os médicos estão obrigados a exigir do augusto enfermo repouso. Os governos exigem-no igualmente do povo, ainda que seja necessário para consegui-lo a camisa de força dos quartéis, quando não bastar o anestésico das subvenções clandestinas.

Quando muito, ao rei doente é tolerada a liberdade de fazer charadas e sonetos; ao povo é no máximo permitido ouvir os discursos do seu parlamento e ler a prosa dos escritores mansos e de períodos enovelados à semelhança de cobras adormecidas. (20 de agosto de 1887)

Mas o país não parte em férias para a Europa com o imperador, nem entra em repouso, como recomendam os médicos da Corte. Ao contrário, mergulha na agitação. Cotizações públicas compram a alforria de grande número de negros em todo o país. Milhares de escravos simplesmente abandonam as fazendas, tomam as estradas e libertam-se por conta própria. O país inteiro sente que o fim da escravidão se aproxima.

O Exército, pela voz do Clube Militar, aprova memorial à regente, a princesa Isabel, em que proclama: "Diante de homens que fogem calmos, sem ruído, tranquilamente, evitando tanto a escravidão como a luta e dando, ao atravessar cidades, enormes exemplos de moralidade, cujo esquecimento tem feito muitas vezes a desonra do Exército mais civilizado, o Exército brasileiro espera que o governo imperial conceder-lhe-á o que respeitosamente pede em nome da humanidade e da honra da própria bandeira que defende". Em suma, o Exército recusa o papel de capitão do mato. Não seria mais usado para caçar escravos fugidos. Se, nos anos anteriores, os escravocratas haviam perdido a luta de ideias para os abolicionistas, agora perdiam o Exército. A hora da decisão estava soando.

Sem cessar a agitação nas ruas e sem diminuir a pregação dirigida aos militares, Patrocínio tira, então, uma nova carta da manga. Percebendo a profundidade da crise que afetava o regime, preocupa-se em atrair a princesa Isabel, em levá-la a se distanciar dos escravocratas e em estimulá-la a se livrar do Gabinete Cotegipe. Percebe a diferença de personalidades entre o imperador e a regente, bem como a distância entre o compromisso arraigado com o *status quo*, que dominava as ações de Pedro II, e a sensibilidade para as angústias do país irrequieto, que se insinuava nos gestos de Isabel. Se antes não cabia apelar a D. Pedro II, agora valeria a pena falar ao coração de sua filha, que, apesar de gestos contraditórios, dá sinais de que escuta o clamor que vem das ruas. O tom dos artigos de Patrocínio, duros e cáusticos em relação ao imperador, passa a ser outro, compreensivo e persuasivo, quando se dirige à princesa. Para conquistar a regente, fala à filha e à mãe.

À filha, neste artigo, de 20 de agosto de 1887:

> O nobre barão de Cotegipe gaba-se de que há de ser Governo, enquanto quiser, embora sirva-se parlamentarmente da modesta expressão, enquanto puder.
>
> A razão é muito simples.
>
> Sua Alteza, a Regente, não quer tocar no que o seu augusto pai deixou. À sua piedade filial parece pecaminosa irreverência alterar a ordem de cousas estabelecida, tanto mais quanto espera que brevemente o enfermo de Baden-Baden [estação de águas termais na Alemanha onde repousava D. Pedro II] volte aos seus domínios.

À mãe, neste outro em 21 de novembro de 1887:

> Que dirá a história da Regente, quando a vir, senhora delicada
> e mãe carinhosa, ensinando a fraternidade no paço a seus filhos
> e consentindo no Governo os corréus dos assassinos que matam
> mulheres em Campos, espostejam cidadãos no Rio do Peixe, e
> levam a sanha a esporear cadáveres e a dar pontapés em crianças?

Diante do agravamento da crise entre a regente e o barão de
Cotegipe, provocada pelo crescimento do movimento abolicionista e o
recrudescimento da repressão ao movimento popular, Patrocínio faz um
apelo dramático a Isabel para que demita o chefe do ministério. Refere-se
neste trecho a Manoel Pinto de Souza Dantas, um dos principais nomes
do Partido Liberal, abolicionista declarado. Autor da Lei dos Sexagenários,
chefiou o gabinete em 1884-85, mas foi derrubado pela pressão dos
escravocratas. O tom é de urgência, em 27 de fevereiro de 1888:

> É preciso que Sua Alteza seja realmente soberana e diga francamente
> ao sr. barão de Cotegipe que precisa de chamar um ministério que possa
> ocupar-se francamente da questão mais momentosa do país.
>
> O meio é simples; o sr. barão de Cotegipe disse: a lei ou o sr.
> Dantas; por outra: escravidão franca, ou abolicionismo sem máscara.
>
> Lembre Sua Alteza a S. Ex.ª as suas próprias palavras, e salve-se
> com a honra da pátria.

Uma virada na situação

Pouco mais de uma semana depois, em 10 de março, a princesa cede
ao clamor popular e demite Cotegipe, convocando para a chefia do novo
ministério João Alfredo Correia de Oliveira, conservador mas abolicionista.
Patrocínio percebe imediatamente que o país está em meio a uma virada na
situação. A regente dera um passo decisivo: deixara de confrontar-se com
o movimento abolicionista e, na prática, somara-se a ele. Na tentativa de
salvar o Império, lançara ao mar a aliança com os escravocratas. A libertação
dos escravos, em termos legais, entrava na ordem do dia. Isabel passa a ser
tratada por Patrocínio como uma augusta aliada.

O tom do artigo publicado na *Cidade no Rio* em 12 de março, o
primeiro depois da queda de Cotegipe, é de triunfo:

Senhora

Vossa Alteza deve estar contentíssima com a brusca mudança que se operou no espírito público.

A tempestade que se abobadava sobre o vosso futuro, sinistra e ameaçadora, desfez-se como por encanto. O mar das paixões, que desobedeceu heroicamente ao quos ego do arbítrio, abonançou-se ao vosso sorriso de estima pela opinião.

Vistes, Senhora, qual a eficácia do Governo de acordo com a vontade nacional. Se os reis soubessem como o povo é bom, sacrificá-lo-iam muito menos; prefeririam o apoio leal, desinteressado das massas ao sufrágio interesseiro de certas classes, sufrágio que exige sempre como preço o holocausto dos direitos populares e que não raras vezes comprometem as dinastias.

Os empreiteiros de tirania hão de dizer que fizestes mal entregando ao clamor público os homens que a vergonha nacional acusava de haverem imolado aos seus interesses a dignidade do Governo e do povo.

Sabemos que não é dos estilos, principalmente entre nós, atender ao povo, mas nem por isso deixa de ser verdade que num sistema representativo, em que todos os poderes são simplesmente delegações da nação, o soberano só é verdadeiramente constitucional, quando reconhece a existência ativa e real da soberania popular.

Atender ao povo, longe de desmerecer, prestigia o Governo.

Patrocínio não tem dúvidas: a situação virou "com a brusca mudança que se operou no espírito público" e com a aliança entre a ação da regente e a vontade das ruas. Sabendo que não há tempo a perder, estimula a princesa a avançar:

Aos que acusarem Vossa Alteza de haver obedecido à intimação da praça pública, respondei que estáveis numa contingência dificílima: ou receber a intimação do direito, ou a intimação do despotismo; e preferistes a primeira. Se o soberano devesse fechar sistematicamente os ouvidos ao povo, este deveria considerá-lo sempre um inimigo, e estaria fraudado o princípio constitucional do Poder Moderador.

A praça pública não é o caminho regular, concordamos, porém, o voto do parlamento não é o caminho único, tanto assim que ficou ao Poder Moderador liberdade inteira para nomear e demitir ministério.

O direito de dissolução é o reconhecimento da opinião extraparlamentar.

Os sessenta dias seguintes confirmam a avaliação de Patrocínio. O gabinete de João Alfredo, empurrado pela opinião extraparlamentar e sem enfrentar qualquer oposição séria dos defensores da escravidão, que, desarvorados, bateram em retirada, propõe ao parlamento a Lei Áurea. No dia 9 de maio, ela é aprovada na Câmara, por 88 votos a nove. No dia 12, é referendada pelo Senado.

No dia 13 de maio, à tarde, é assinada pela princesa Isabel, em meio a enorme festa popular no Rio. Espontaneamente, dezenas de milhares de pessoas reuniram-se no Largo do Paço e nas principais ruas da cidade, que, em poucas horas, enfeitou-se toda para a comemoração. No interior do palácio, cujas salas foram tomadas por populares, dizem que José do Patrocínio atirou-se ao chão para beijar os pés de Isabel. Depois da cerimônia, a princesa foi novamente surpreendida pelo entusiasmo popular. O trajeto de sua carruagem até a estação de trem onde embarcaria para Petrópolis transformou-se em cenário de um desfile triunfal. A festa continuou noite adentro, em toda a cidade, pelos bairros. Em carta ao pai, a princesa dá conta do clima de delírio nas ruas da capital: "O Paço (mesmo as salas) e o Largo estavam cheios de gente, e havia grande entusiasmo, foi uma festa grandiosa, mas o coração apertava-se me lembrando que papai aí não se achava! Discursos, vivas, flores, nada faltou".

Por que não morreu naquele dia?

Por onde passava naquele dia glorioso, Zé do Pato era saudado pela multidão, agarrado, beijado e abraçado por homens e mulheres eufóricos com o fim da escravidão. Um amigo, João Marques, diz-lhe em meio à alegria transbordante das manifestações populares de 13 de maio: "Que belo dia para morreres, Patrocínio!" Marques tinha toda razão. Patrocínio atingira o ápice. Mas não conseguiria manter-se no alto por muito tempo. Ao contrário, nos meses e anos seguintes, desceria melancolicamente ladeira abaixo.

Conquistada a abolição, produziu-se nova virada na situação. De uma forma ou de outra, a questão servil fora resolvida e lançara ao centro da luta política uma nova questão – agora, sim, o fim da monarquia e a instalação da República. Rompida a aliança de quase setenta anos com os senhores de escravos, o Império ficara órfão de apoio político. Os partidos conservador e liberal, que lhe haviam dado sustentação, não significavam mais grande coisa. Já os republicanos ganhavam audiência crescente, especialmente no Exército, cada vez mais distante de Pedro II e mais desconfiado de Isabel e de seu marido francês, o conde d'Eu. A volta da Europa do velho e combalido imperador só confirmaria o sentimento generalizado de que o regime estava agonizante.

Patrocínio, porém, não percebe desta vez "a brusca mudança que se operou no espírito público". Talvez por gratidão à princesa por seu papel na abolição, talvez por reação à hostilidade dos republicanos que o tratavam como adversário, não vira a página, não muda de programa e não olha para o futuro – no caso, para a República que se avizinha, justamente porque, como ele próprio havia diagnosticado, o trono tinha como fundamento a escravidão e não haveria de resistir-lhe sem morrer. Ao contrário, Patrocínio continua aferrado ao que já fora conquistado, passando a defender posições "isabelistas". Comete um erro fatal.

Quando a República é proclamada, embora apoie o movimento dirigido pelo marechal Deodoro da Fonseca – é bom lembrar que D. Pedro II voltara da Europa e Isabel deixara a Regência –, Patrocínio já não pesa nos acontecimentos. Ao contrário, é atropelado por eles. Nos anos tumultuados do início da República, faz oposição a Floriano Peixoto, pelo que é desterrado em Cucuí, na Amazônia – dizem que daí vem a expressão "mandar para as cucuias". Com a eleição de Prudente de Moraes para a Presidência da República, cessam as perseguições.

Mas o "Tigre do Abolicionismo" perdera os dentes e, com eles, o vigor, a paixão, o impulso vital. Seis anos depois do triunfo da abolição, suas energias estão concentradas na construção de um balão dirigível que nunca voaria – como se, com ele, pudesse atingir as alturas que, em outras épocas, alcançara como jornalista, tribuno e líder popular. Não é mais nem uma sombra do que fora. Vive de questiúnculas e politiquices. Muitos acusam-no de haver-se convertido em uma pena de aluguel. "De sua sinceridade, dizem horrores. Os homens que hoje engrandece, ataca-os amanhã. E vice-versa. Usa as opiniões como as gravatas", diz Luís Edmundo, em *O Rio de Janeiro do meu tempo*.

Mesmo aqueles que o admiravam, admitiam que ele já não era mais o mesmo. Vivaldo Coaracy, que trabalhou com ele na *Cidade do Rio*, traçou um quadro generoso mas amargo do amigo naquele período:

> O fato é que diante de Patrocínio não era possível uma atitude de indiferença. Havíamos de admirá-lo ou de verberar-lhe a conduta. E muitas vezes as duas atitudes se confundiam e misturavam no espírito dos que

vivemos na sua proximidade imediata, deixando-nos perplexos para formar um juízo. Adorado por uns, vilipendiado por outros, inspirava dedicação profunda e ódios azedos. Só ele, Patrocínio, se mantinha indiferente em meio ao torvelinho de sentimentos que provocava. Mas, no fundo, com os seus erros e fraquezas tão humanas, até mesmo com seus imperdoáveis deslizes, era um bom. Alma generosa e sentimental, nunca fez o mal pelo prazer do mal, nunca deixou de trazer o lenitivo de sua simpatia aos sofrimentos com que topava pelo caminho, nunca negou o apoio de seu entusiasmo exuberante às causas nobres. E era um fulgurante raro talento que honrou a sua geração e a sua raça.

Seu fim foi melancólico. Em 1903, perdeu o jornal *Cidade do Rio*, por falência. Dois anos mais tarde, morreu tuberculoso em uma modesta casa, no bairro de Inhaúma. Tinha 51 anos. Sua morte comoveu a cidade. O Rio, sacudido pela notícia, prestou-lhe uma homenagem grandiosa. Milhares de pessoas desfilaram diante do caixão e multidões acompanharam o féretro até o cemitério. Que importava se, nos últimos anos de vida, ele tropeçara nas próprias pernas e metera os pés pelas mãos? O povo separou o joio do trigo. Os grandes homens, por serem grandes, não deixam de ser homens – e, por isso mesmo, são falhos e imperfeitos, em especial nos momentos de calmaria. O que importa é que sejam grandes na hora da tempestade, quando a maioria se apequena.

Nos anos de escuridão, ele tivera olhos para ver o futuro e paixão para iluminar o caminho. "Com o coração nos lábios" incendiara o coração do povo. Foi desse Zé do Pato que o povo do Rio despediu-se emocionado no dia 30 de janeiro de 1905, já lá se vão cem anos.

Você soube de alguma comemoração pelo centenário da morte de José do Patrocínio? Não? Estamos empatados. Pelo que foi e pelo que fez, Patrocínio merecia ser lembrado, lido, estudado. Esse estudo de caso é uma modesta homenagem a Zé do Pato.

Alguns livros importantes

Trajetória da imprensa no Brasil

SODRÉ, Nelson Werneck. *História da imprensa no Brasil*. Rio de Janeiro: Mauad, 1999. Editado originalmente pela Civilização Brasileira em 1967, é um livro que todo jornalista brasileiro deve ler. Trata-se da mais completa obra sobre a história dos jornais, pasquins, revistas e folhas soltas em nosso país. Amparado em uma pesquisa consistente, o livro costura com inteligência os fatos históricos e as vicissitudes da imprensa no Brasil. E fala sobre jornalistas incríveis, como Cipriano Barata, que fundou 11 jornais, todos chamados *Sentinelas da Liberdade*, que iam mudando de nome conforme o lugar em que Barata encontrava-se, inclusive a prisão, como foi o caso do *Sentinela da Liberdade a Guarita de Pernambuco, Atacada e Presa na Fortaleza do Brum por ordem da Força Armada Reunida*. Nelson Werneck

Sodré, que morreu em 1999, era comunista e intelectual de sólida formação. Sobre ele disse Agripino Grieco, um dos críticos de língua mais ferina que o Brasil já teve: "É admirável historiador e sociólogo, sem intrujices nas ideias, sem lantejoulas nas palavras". Sodré foi também general do Exército.

CHAGAS, Carlos. *O Brasil sem retoque (1808-1964)*: a história contada por jornais e jornalistas. Rio de Janeiro: Record, 2001, 2v. Excelente jornalista político e professor de História da Imprensa da Universidade de Brasília, Chagas produziu um livro interessantíssimo no qual a história do Brasil, desde a vinda de D. João VI até o golpe de 1964, chega ao leitor por meio de manchetes, notícias e artigos de jornais. Mata dois coelhos com uma cajadada só. É um livro que se lê facilmente, com prazer.

KUCINSKI, Bernardo. *Jornalistas e revolucionários*: nos tempos da imprensa alternativa. 2. ed. São Paulo: Edusp, 2003. Quando era mais forte a censura e mais duro o regime militar, entre 1969 e 1975, alguns jornais independentes lutaram para manter a chama acesa. Foi o tempo do *Pasquim*, do *Opinião*, do *Ex*. Quando foi ficando evidente que o regime estava exausto e era hora de botar a boca no trombone, entre 1975 e 1982, dezenas de jornais alternativos surgiram em todo o país – jornais de partidos, de correntes de opinião, de minorias, de circulação nacional ou regional, de debate e de ação. O livro de Kucinski, fartamente ilustrado, é o que de melhor se publicou sobre a imprensa nanica – combativa, criativa, irreverente e militante –, que desempenhou um papel importantíssimo na luta contra a ditadura militar.

OBRAS DE REFERÊNCIA

BOBBIO, Norberto (org.). *Dicionário de política*. Brasília/São Paulo: Ed. UnB/Imprensa Oficial do Estado de São Paulo, 2004, 2v. Nem todo mundo que fala sobre Bobbio leu Bobbio. A culpa evidentemente não é desse refinado intelectual italiano, que foi professor de Filosofia Política na Universidade de Turim durante quarenta anos e teve ativa participação na vida política de seu país, sendo um dos principais responsáveis pelo diálogo teórico entre o comunismo e o socialismo. O *Dicionário* é uma obra de referência, de fácil consulta.

ABREU, Alzira Alves; BELOCCHI, Israel (orgs.) *Dicionário histórico-biográfico brasileiro*. São Paulo: Ed. FGV, 2001, 5v. São mais de 6 mil páginas, com 5.696 verbetes biográficos e 930 temáticos, que se referem praticamente a todas as personalidades e temas importantes da vida política nacional, desde 1930 até nossos dias. Quem foi Carlos Marighella? Por que São Paulo levantou-se em armas contra Getulio Vargas em 1932? O que é o MST ou a CUT? Qual a importância do *Correio da Manhã*? O *Dicionário* dá respostas razoavelmente exaustivas para essas e milhares de outras questões. É um livro de referência que não pode faltar na biblioteca de nenhum jornalista político brasileiro. Se você não tem dinheiro para comprá-lo, poupe. Enquanto isso, vá consultando o exemplar da biblioteca da faculdade ou da redação.

HISTÓRIA DO BRASIL:
DO PASSADO RECENTE AOS DIAS MAIS REMOTOS

GASPARI, Elio. *As ilusões armadas* (2 vols.: *A ditadura envergonhada* e *A ditadura escancarada*). São Paulo: Companhia das Letras 2001, e *O sacerdote e o feiticeiro* (2 vols: *A ditadura derrotada* e *A ditadura encurralada*). São Paulo: Companhia das Letras, 2003 e 2004. A melhor história já escrita sobre os bastidores do poder durante o regime militar, com especial destaque para o mandato presidencial do general Ernesto Geisel, marcado pelo choque entre os defensores da linha dura e os da abertura política. Gaspari teve acesso a documentos secretos e a gravações de conversas entre importantes personalidades do regime, feitas por auxiliares diretos de Geisel – um material riquíssimo, desconhecido até há pouco.

GORENDER, Jacob. *Combate nas trevas*: a esquerda brasileira – das ilusões perdidas à luta armada. São Paulo: Ática, 1987. Um livro de leitura obrigatória para quem quer conhecer a resistência à ditadura militar.

Gorender, intelectual brilhante e militante político, foi membro do Comitê Central do Partido Comunista Brasileiro, com o qual rompeu para fundar o Partido Comunista Brasileiro Revolucionário (PCBR). O livro mergulha na formação, no desenvolvimento e no aniquilamento das organizações e grupos que pegaram em armas contra a ditadura, analisando suas contribuições e erros. E destaca o papel crucial do terrorismo de Estado no desmantelamento da resistência armada e no sufocamento da oposição política ao regime militar.

CASTELLO BRANCO, Carlos. *Retratos e fatos da história recente.* Rio de Janeiro: Revan, 1999. Castelinho foi o mais importante jornalista político do país durante o período da ditadura militar. Sua "Coluna do Castello", publicada diariamente a página 2 do *Jornal do Brasil*, era leitura obrigatória para todos que queriam entender algo do jogo de sombras nos bastidores do poder. Analista arguto dos acontecimentos políticos, observador atento das grandezas e misérias humanas de seu tempo, Castelinho escrevia extraordinariamente bem. No livro, estão reunidos perfis de quarenta personalidades da vida pública brasileira e, por meio deles, temos um painel de trinta anos da nossa política.

SILVA, Helio. *O ciclo de Vargas.* Cidade: L&PM, Porto Alegre, 16v. Em boa hora, a Editora L&PM está relançando a obra. Rigorosa, fundamentada, fácil de ler, conta a história da República brasileira desde o surgimento do tenentismo até a morte de Getulio Vargas. O leitor não precisa enfrentar os 16 volumes de uma enfiada só. Como cada um deles trata de um período ou de um grupo de acontecimentos, pode ser comprado e lido como obra independente. Sobre tenentismo? *1922 – Sangue nas areias de Copacabana.* Coluna Prestes? *1926 – A grande marcha.* Revolução de 30? *1930 – A revolução traída* e *1931 – Os tenentes no poder.* Revolução constitucionalista? *1932 – A guerra paulista.* A sublevação comunista? *1935 – A revolta vermelha.* O integralismo? *1938 – Terrorismo em campo verde.* E por aí vai, até o suicídio de Vargas, em 1954.

CARVALHO, José Murilo. *A construção da ordem: Teatro das sombras.* Rio de Janeiro: Civilização Brasileira, 2003. Se você quiser avançar no estudo da história do Brasil (e recuar no tempo), investindo na direção do

Império, comece com o livro de José Murilo de Carvalho. Com um olhar atual e moderno sobre a sociedade escravista, Carvalho mostra o engessamento das estruturas políticas e do próprio país sob o Império.

PATROCÍNIO, José do. Se, a partir do estudo de caso deste livro, você ficou interessado em ler na íntegra os artigos de Patrocínio, grande jornalista e tribuno da campanha abolicionista, pode encontrá-los na internet. Para baixá-los gratuitamente, clique no endereço: http://omnis.if.ufrj.br/~coelho/campanha_abolicionista.html. De quebra, encontrará uma brilhante introdução do historiador José Murilo de Carvalho. Não deixe de lê-la.

ALENCASTRO, Luiz Felipe de. *O trato dos viventes*: formação do Brasil no Atlântico Sul. São Paulo: Companhia das Letras, 2000. Um dos livros mais instigantes sobre a nossa história publicados recentemente. Mostra que é impossível entender o processo de formação do Brasil sem se debruçar sobre sua relação com a África, em particular com o reino de Angola, em muitos momentos mais estreita do que com a Europa, em particular com Portugal. Muito bem escrito e fartamente documentado, *O trato dos viventes* balança muitas verdades antes estabelecidas e faz uma reflexão original sobre questões até hoje mal respondidas. Você sabia que Luanda e Benguela tinham vínculos mais fortes com o Rio de Janeiro ou com Salvador do que São Luís ou Belém?

LEIA TAMBÉM

HISTÓRIA DA IMPRENSA NO BRASIL
Tania Regina de Luca
e Ana Luiza Martins (orgs.)

Qual a relação do cidadão com a imprensa? Qual seu papel ao longo da história? Este livro mostra como a imprensa começou no Brasil em 1808 e como vem atuando duplamente: tanto como observadora quanto como protagonista da nossa história. Obra de referência indispensável nas estantes dos que estudam, dos que respeitam, dos que amam e até dos que temem a imprensa.

MANUAL DO FOCA
guia de sobrevivência para jornalistas
Thaïs de Mendonça Jorge

Não é raro que o mesmo jornalista entreviste hoje um astro de rock, amanhã seja escalado para conversar com um político e no dia seguinte cobrir a coletiva de uma cientista renomada. E como conseguir boas matérias de personalidades tão diferentes? Como dominar tantas informações e torná-las inteligíveis ao leitor? Este livro mostra as técnicas do jornalismo, da pauta ao texto. Guia imperdível aos jornalistas, estejam eles nas redações ou nas salas de aula.

OS SEGREDOS DAS REDAÇÕES
o que os jornalistas só descobrem no dia a dia
Leandro Fortes

Pronto. O sonho finalmente tem chances de virar realidade. O primeiro trabalho em uma redação. E agora? O que esperar? Como são os colegas? Chefe? Entrevistados? O que fazer? Como se portar? E, principalmente, como conseguir ser um bom repórter? Em um livro ousado, Leandro Fortes evita dizer como a profissão deveria ser. Ele conta como ela é. Obra imperdível para jornalistas e estudantes de comunicação.

Cadastre-se no site da Contexto
e fique por dentro dos nossos lançamentos e eventos.
www.editoracontexto.com.br

Formação de Professores | Educação
História | Ciências Humanas
Língua Portuguesa | Linguística
Geografia
Comunicação
Turismo
Economia
Geral

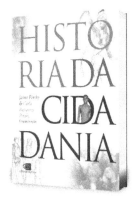

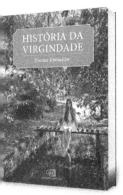

Faça parte de nossa rede.
www.editoracontexto.com.br/redes

Promovendo a Circulação do Saber